从零开始

做研究型教师

走上幸福的教育研究之路

刘波 著

湖南人民出版社·长沙

图书在版编目（CIP）数据

从零开始，做研究型教师 / 刘波著. ——长沙：湖南人民出版社，2024.3
ISBN 978-7-5561-3444-1

Ⅰ. ①从… Ⅱ. ①刘… Ⅲ. ①教师教育—研究 Ⅳ. ①G65

中国国家版本馆CIP数据核字（2024）第021951号

从零开始，做研究型教师
CONG LING KAISHI, ZUO YANJIUXING JIAOSHI

著　　者：刘　波
出版统筹：陈　实
监　　制：傅钦伟
资源运营：湖南中教出版传媒有限公司
责任编辑：张玉洁
特邀编辑：刘　艺
产品经理：冯紫薇
责任校对：夏丽芬
封面设计：Ⓡ青空·鬼哥 QQ:476454071

出版发行：湖南人民出版社有限责任公司 [http://www.hnppp.com]
地　　址：长沙市营盘东路3号　　邮　　编：410005　　电　　话：0731-82683357

印　　刷：长沙新湘诚印刷有限公司
版　　次：2024年3月第1版　　　　　　印　　次：2024年3月第1次印刷
开　　本：880 mm × 1230 mm　1/32　　印　　张：7.75
字　　数：170千字
书　　号：ISBN 978-7-5561-3444-1
定　　价：52.00元

营销电话：0731-82221529（如发现印装质量问题请与出版社调换）

目　录

荐序

研究型教师的基本特征

苏霍姆林斯基曾说过，如果你想让教师的劳动能够给教师带来乐趣，使天天上课不至于变成一种单调乏味的义务，那你就应当引导每一位教师走上从事研究这条幸福的道路上来。教师通过做研究，摆脱了平庸，走上了幸福之路，这是何等美好。

研究型教师，具备较强的研究意识。在他们眼中，每一名学生都是一本厚重的书，里面蕴藏着无限的奥秘；每一门课程都是一个庞大的系统，它包括学习内容、学生、教师、学习方式、教育资源等诸多要素，而要把这些要素凝聚成促进学生健康发展的核心动力，还需要进行大量探索和实践。学校里的每一项活动、教师所做的每一件事情，都具有潜移默化的教育效能，教师必须对其进行精心设计，才能让它发挥出应有的作用……那些拥有研究意识的教师，会敏锐地觉察到这些问题，并且能够积极主动地将相关的问题转化为可研究的课题。他们会通过教育科研破解难题，在解决问题的过程中提升自身的专业素养。刘波，作为一名研究型教师，就是如此。无论是对学科教学的研究，还是对学校管理的研究；无论是对改进教育科研工作的研究，还是对推动教师专业阅读的研究；无论是对纸质媒体的研究，还是对新媒体的研究，都体现着他的研究意识。

研究型教师，具有较高的研究智慧。他们能清楚地意识到，他们所做的研究与科学家所做的研究有很大的不同。这种研究，并不是要去发明或发现，也不一定要有很强的创造性，而是出于改进教学、提升自身教育教学能力而进行的研究；与教育理论家的研究也有很大的不同，他们不是要去创造一种新的教育理论、教育范式，而是基于自身的教育实践，从具体工作中发现细微的问题，做以小见大的研究，做基于课堂教学的研究，做丰富教育实践的研究，通过对这些小问题的探究，获得大收获。书中第一章提出的"中小学教师应该理直气壮地做研究""从研究中提高职业幸福感"等观点，正体现了这样的教育智慧。

研究型教师，善于营造研究的氛围。他们不但善于独立研究，而且十分注重在学校和教研组内营造研究的氛围，引领大家共同开展研究。他们非常清楚，只有当群体中的每一个成员都成为研究者，自己才可以如鱼得水，而不会显得鹤立鸡群。很多教师在教育实践中遇到的问题都是大致相同的。因此，通过团队协同、分工合作的方式开展研究，能够使教师充分利用集体的智慧和优势，从而获得教育问题的新认识。教育本身就是充分体现团队精神的过程，由于教师自身专业的局限，所以他不可能面面俱到，而要通过与其他教师合作，共同开展研究，共同承担起教育好学生的重任。在宁波市镇海区，由刘波发起的"研之乐"读书会及"啃读挑战"活动，在阅读、研究、写作方面进行了有益的探索与实践，给予我们很好的启示。

研究型教师，会将研究作为自己的工作方式，将研究寓于教育教学的行动中。他们的研究具有三大特征：第一，研究的目的是改进教育教学行为，以此提高教学效益，促进教师自身的专业发展；第二，研究的内容是教育实践中的真问题，研究所需要的案例和素材也来自鲜活的教育实践；第三，研究的过程与教育实践过程同步，即教育实践研究化，教育科学研究寓于教育实践的过程之中。归纳起来就是：为了改进自己的教学而研究，针对自己的教学问题而研究，在自己的教学过程中研究。

因为阅读，我结识刘波已有十多年。这十多年来，我也见证了他在研究中不断成长，收获了诸多成果。

正是因为刘波一直在研究的状态下工作，所以他在改进工作的同时，也水到渠成地留下了丰富的著作。

本书汇集了刘波自身的成长感悟，以及他对如何做一名研究型教师的思考，兼具思想性和实操性，能够帮助一线教师提高关于研究的"观念水位"，找到正确的研究方向，成为一名具有"研究味"、知行合一的教师，并且逐步成为一名真正的研究型教师。

2022 年 10 月

（常生龙，上海特级教师、上海市教育考试院副院长）

自序

以"觉醒者"的姿态走上研究之路

从 2010 年起，我每年都会为全区新入职的教师开展一场讲座。尽管讲座的具体内容一直在调整和优化，但主旨都是一样的，那就是要过有"研究味"的教育生活，通过研究把阅读、实践、思考与写作有机地结合起来，让自己的成长速度更快，更好地享受职业带来的幸福。

2016 年，我被调到宁波市镇海区教科所工作，工作岗位的变动，让我看待问题的视角也有了一定的变化。虽然我的主要工作是区域教科研管理，但我所在的单位——镇海区教育发展研究院（原镇海教师进修学校），是一个集教师培训、教学研究、教育科研、教育技术"四位一体"的区域综合性教育教学业务机构，区教科所是其业务部门之一。除了日常工作，我还负责教师培训的某些工作。以往这样的讲座，我只是单纯地完成区师训部门安排的任务，但自从工作岗位变动之后，我就需要站在全区教师发展的角度审视自己的讲座。

因此，当我站在台上开讲的时候，看着这些新入职的充满朝气的教师，我就会想到，若干年后，他们中的有些人会成为学校领导，有些人会成为各类名师，有些人会成为名班主任，也有很大一部分人可能是非常普通的教师。哪怕是非常普通的教师，只要能够在日常的教育教学中不断促进自身成长，提升自己的职业幸福感，那么这样的状态也是很不错的。现在，我也会有意识地去关注新教师近几年的发展情况，从中发现一些在研究中成长的典型。

调到区教科所工作后，我倡导成立了"研之乐"读书会。这个有着"研读、研修、研究"之意的区域教师读书团队，旨在让更多的教师在专业读写的滋养中亲近研究，在研究的助力下加快成长的步伐。

近年来，我把"研之乐"读书会的建设当作日常工作中的一个重要部分，投入了大量时间和精力。因为我相信，提高区域教师的专业读写能力是做好教科研工作的"培根"工程。一方面，我是用研究的态度来对待这项工作的；另一方面，我也希望更多的教师能成为研究路上的"觉醒者"。

通过几年的努力，我惊喜地发现，在研究路上，不少教师的身边都已经出现了榜样，不同学科、不同学段、不同教龄的教师都有其代表。毫无疑问，身边的榜样最有感染力，是移动的"广告牌"和"宣言书"。

我认为，教师做研究，并不一定要做什么高水平的课题研究，而是要养成反思的习惯，能把阅读、实践、思考和写作很好地结合起来，让自己过不重复的教育生活。这样的教师就是一个有"研究味"的教师，就是一个走在成为研究型教师路上的奋进者。

镇海区实验小学教师冯雪波，她的教龄已经超过30年，她加入"研之乐"读书会后，通过参与"啃读挑战"活动，实现了专业的二次成长。蛟川实验幼儿园陈梦霞老师，在入职之初就加入了"研之乐"读书会，受专业读写的滋养，在区教育局后备干部的选拔中表现突出，工作6年后就成了幼儿园副园长。骆驼中学的青年教师励蔚，刚开始是观望和被动参与，后来真正"躬身入局"，把阅读作为研途上最美的风景，在短短的几年时间里，就有多篇教育教学方面的文章获得省市级一等奖，并由此有滋有味地走上了课题研究之路。澥浦镇中心幼儿园教师陈丹丹，作为农村幼儿园教科室主任，加入"研之乐"读书会之后，以"觉醒者"的姿态看待自己的工作，通过"事上练"，不仅加快了自身的成长步伐，也有效推进了整个幼儿园的教科研工作。在全区教科室负责人会议上，她介绍自己的教科管理经验，得到了大家的一致好评。陈丹丹被宁波市教育局评为宁波市教育系统教师读书"卓越领雁人"，还走上了幼儿园副园长的岗位。镇海区中心学校体育教师韩庆敏，以前只是写一些体育学科方面的论文，并不怎么爱读书。自从他参加"研之乐"读书会的一次分享活动后，就成了"啃读挑战"活动的持续参与者。他不断认真阅读教育理论和教育科研方面的著作，在看过石中英教授的《穿越教育概念的丛林》一书后，将自己的一些感想和思考写成文章，后来这篇文章发表在《人民教育》上。

上面提到的这几位教师，他们都是在成为研究路上的"觉醒者"之后，加快了自己的成长步伐。他们的经历，又影响到身边越来越多的教师，让那些教师也变成了"觉醒者"。

"从零开始，做研究型教师"的成长路径，不但适合新教师，而且适合处于任何发展阶段的教师。一线教师只要有研究的"觉醒"意识并付诸行动，就能稳健地走在这条路上。

北京师范大学教授、博士生导师鲍传友认为，做研究型教师已经成为广大中小学教师追求的目标。他提出，研究型教师应具备四大基本特征，即批判精神、反思的习惯、用证据说话的意识、总结提升的能力。由此可见，做研究型教师并不是无章可循，也并非遥不可及。

"研究型教师"并不是一个正式的称号，而是对那些在成长过程中不断超越自己的教师的一种肯定和激励。愿更多的教师能走在这条路上！

第一章

树立正确的研究心态

中小学教师应该
理直气壮地做研究

　　"提到科研，很多人想当然地认为是大学和研究机构的事情，不知道中小学教师也要做科研"，《光明日报》曾刊发过《走出中小学教育科研焦虑》一文，对中小学教师要不要做科研，中小学教育科研要做什么，中小学教师如何做科研等问题进行了聚焦。

　　近几年，高校正在大力推进"破五唯"[①]，全国各地在中小学教师的职称评审上也降低了对论文的要求，在这样的现实情况下，不少中小学教师发出"中小学教师还需要做科研吗"的疑问。有些教师认为，中小学教师没必要做科研，但也有

[①]　2018年11月，教育部办公厅发布《关于开展清理"唯论文、唯帽子、唯职称、唯学历、唯奖项"专项行动的通知》。"唯论文、唯帽子、唯职称、唯学历、唯奖项"简称"五唯"。

些教师认为，科研是促进教师专业成长的重要抓手，不为职称评审而进行的科研，减少了一些功利色彩，变得更加纯粹了。能否理性看待"中小学教师还需要做科研吗"这个问题，关系到中小学教育科研能否可持续发展。对此，我们应当引起重视。

中小学教育科研，一般简称为教科研，以区分日常的教学研究。在一线教育教学实践中，除了日常的教学研究、教科研，还有近年来日益得到关注的德育研究。中小学教师具体是做上述三个方面的哪种研究，没有必要分得特别清楚。我认为，中小学教师应该建立一种大研究观，把教学研究、教科研和德育研究结合起来，更好地形成研究合力。

一、中小学教师应该理直气壮地做研究

在这里，我们要厘清一个认识，即中小学教师做的研究，并不一定都是那些正儿八经的各级各类立项课题。毕竟立项课题的级别越高，立项的难度就越大，而且立项课题数量有限，总体上是"僧多粥少"的局面，不是每一位教师都能申请到。实际上，教师要做的研究更多的是未立项的课题，也就是，教师在兴趣的驱动下，通过研究的方式，解决在教育教学或管理工作中遇到的现实问题。这才是实实在在的研究。苏霍姆林斯基倡导教师要在日常工作中多做一点研究，他所说的"研究"指的也是这一类研究。从这个角度来看，每一位教师都可以做研究，这一点是毋庸置疑的。教育部发布的《关于加强新时代教育科学研究工作的意见》中也有明确的规定，要"鼓励支持

中小学教师增强科研意识，积极参与教育教学研究活动"。这在某种程度上，为教师开展教育教学研究工作提供了"尚方宝剑"。

当然，教师做的自己感兴趣的研究和正儿八经的立项课题之间并不是"老死不相往来"的关系，两者是可以相互转化的。教师做自己感兴趣的研究，也就是非立项课题，有研究成果后，如果还想继续深入研究，可以等遇到合适的机会时，再申请立项，这样不但可以给自己的研究成果提供一个更大的展示平台，而且还能够获得专家和同行的认可，从而增强研究信心。同时，教师可以凭借自己的研究成果获得各种评奖的机会，为专业成长之路增加实实在在的"砝码"。值得注意的是，教师的研究不是在立项课题结题或者获奖后就停止了。如果教师还有深入研究的兴趣，同样也能以非立项课题的方式继续研究，不断成长为专家型教师。

二、中小学教师做研究并不是另起炉灶

很多中小学教师都说自己太忙了，没有时间做研究。特别是随着"双减"工作的不断深化，中小学教师在学校里的时间也会有所延长。其实，这种观点是把教师的研究和日常工作割裂开来，变成了"两张皮"。中小学教师应该树立教研、科研、德研的大研究观。有不少教师都认为自己没在做研究，往往是把研究狭隘地理解为课题研究，尤其是立项课题研究。现实中，所有学校都在开展教研活动，还有很多学校通过班主任例会、班主任专题工作会议的形式，开展德育研究。教师做研究是为

了解决实际工作中的问题。这是他们的日常工作，而不是专门为了研究而研究。如果把教学和德育方面的问题申报成课题加以研究，那就更规范了。换言之，科研离不开教研和德研，因为科研（课题研究）常常以教学和德育方面的问题作为研究主题。北京第一实验学校李希贵校长认为，今天的教师没有办法不研究，因为处处是挑战，步步有陷阱，到处都是问题。

在"双减"政策的背景下，中小学教育会面临很多新问题和新挑战。浙江外国语学院教育治理研究中心的李春玲和刘涛在《教师视角下的学校"双减"政策治理：现状调查与制度改进》一文中提到，在2000多份调查问卷中，98.18%的教师表示"双减"对自己的专业素养提出了更高的要求，教师普遍对如何开展课堂教学、如何设计作业、如何建构家校合作机制、如何培养学生的自主学习能力、如何考核评价学生等问题感到困惑。

当教师仅凭旧经验无法应对这些新挑战时，就必须用研究的态度推进各项工作。这样并不是想给教师增加负担，而是希望教师能够利用研究的力量解决各类问题，从而提高自身的工作效能。

比如，"双减"政策的实施，让学生有了更多自由支配的时间。如何把这些多出来的时间用得更加有价值呢？这就要求学生有更高的自主学习能力。不过，很多学生以前都是在补习班度过自己的课外时间的，自主学习的意识和能力并不强。因此，教师如何与家长形成合力，更好地提高学生的自主学习能力，这是一个非常值得研究的现实问题。教师这样做，看似多付出了时间，但当学生的自主学习能力提高之后，他们的学业成绩也会有所提高，这同样有利于完成教师的教育目标。

三、中小学教师做研究是最好的专业成长方式

中小学教师是反思性实践者，这是教育界形成的共识。毫无疑问，反思是研究的重要内核。我认为，做研究可以让教师更好地扮演反思性实践者的角色。此外，教师通过做研究，可以把阅读、思考、实践和写作有机地融为一体。近年来，许多调查都表明，我国中小学教师的阅读情况并不理想。同样，中小学教师的教育写作能力也亟待提高。以前，很多教师都认为自己上好课，教好学生就够了，对教育写作不屑一顾，甚至还有不少教师不愿意写作、抗拒写作，长此以往，教育写作能力就成了自己的短板。当看到职称评审、名优教师评选中都有论文的要求时，这些教师又不免牢骚满腹。现在，随着教师专业化发展水平的不断提升，从教育部对师范生培养的要求和对教师专业发展的培训要求来看，会写论文已经成为教师的职业必备条件。

中小学教师无论做立项，还是非立项的课题研究，都离不开专业阅读、写作及反思。这恰恰也是教师专业成长的重要途径。中小学教师在认真做研究的过程中，会自然而然地得到研究结果，以此写出来的论文就特别有竞争力，也更容易获得各种发表或获奖的机会。经过这种磨炼的教师，在职称评审、名优教师评审或考核等方面，将会比没有经过这种磨炼的教师更有优势。对于中小学教师来说，做研究既可以让自己的教育教学工作多点新鲜感和"研究味"，又可以帮助自己克服成长路

上的阻碍，实实在在地增强自己的获得感。

牵手研究，是中小学教师的一种选择。做出这种选择的教师，要提升自己的"观念水位"，要能真正地认识到：研究就在日常的教育教学工作中，研究是最好的专业成长方式。研究意识的"觉醒"，是中小学教师进行研究实践的第一步。

与研究同行，理直气壮地做研究，让自己在研究中实现快速成长，这应该是有追求的中小学教师的自觉行动。

成为一个
有"研究味"的教师

现在，倡导教师不做"教书匠"，而要做研究型教师的呼声很强烈。不过，究竟什么是研究型教师，还没有定论。甚至有研究者认为，研究型教师是目前基础教育领域应用最广泛但定义最模糊的一个概念。我认为，研究型教师应该具有强烈的研究意识和较高的研究水平。我此前也在某医院的院报上看到"不做开刀匠，要做研究型医生"的倡议，可见，研究是专业技术人员提升专业水平的重要途径。

顾伟在《研究型教师：被丰富的教师专业成长内涵与实践》一文中提到，早在 20 世纪 90 年代，中国学界就出现了研究型教师的概念，并且这是一个发展中的概念，"其意义和知识型教师、专家型教师、学者型教师、反思型教师一样，把教师的专业发展指向了不同的发展维度"。作者认为，研究型教师是实践者与研究者双重角色的和谐统一。2013 年，《中国教育报》对"做研究型教师"的话题进行了重点关注，1 月 23 日刊发首篇文章《成为研究型教师为什么这么难》后，这个话题在全国教师群体中引起了极大的反响。《中国教育报》随后又刊发了《成为什么样的研究型教师切实可行》《研究型教师并非高不可及》《通向研究型教师的务实之路》等一系列文章。这些文章也表明，我们对研究型教师的定位还不够明确，对其内涵也没有统一的认识。

事实上，对于中小学一线教师而言，能不能戴上"研究型教师"这顶高帽并不重要。就像当今社会呼唤教育家办学，但理论界和实践界对教育家的要求又非常高，很少有人敢自称是教育家。同样，一线教师根本不需要在乎自己是不是"研究型教师"，重要的是，自己能不能把研究作为一种生活方式，在研究中促进自己的成长，做一个有"研究味"的教师。

那么，如何才能让自己更有"研究味"呢？以下三点非常关键。

一、坚持在研究的状态中工作

教师首先要认同自己研究者的身份，这样才会有意识地用研究的眼光审视自己的日常教育教学行为。

教师在研究的状态下工作，主要有以下几个方面的表现。

（一）具备研究意识

不同的研究者对研究意识的内容有不同的看法，我个人认为，教师的研究意识应该包括问题意识、批判意识、实践意识、方向意识、开放意识、成果意识等。问题意识就是能发现工作中存在的问题，批判意识就是可以发现相关研究成果中存在的不足，实践意识就是要在实践中解决问题，方向意识就是要形成相对集中的研究方向，开放意识就是能及时借鉴最新的研究成果，成果意识就是要追求形成研究成果。拥有了这些研究意识，教师在研究上也就处在一种"待机状态"了。

（二）关注日常教育教学工作中的问题

教师在教育教学实践中必然会碰到不少新问题，因为时代在变化，教师面对的学生也在变化。因此，教师以往积累的那些得心应手的方法，可能在面对新一届学生的时候鞭长莫及。这时候，教师就应该反思，调整现有的教育教学方法，努力破解新问题，克服新挑战。

（三）善于向多方借力解决问题

教师一旦发现凭借以往经验或个人能力无法有效解决教育教学中存在的问题时，就需要有意识地借助各种外力帮助自己。比如，可以通过检索资料，看看有没有与之相关的、已经发表出来的成果，为自己提供一些解决问题的思路；多向身边的同行或相关的专家学者咨询，学习他们处理同类问题的方法，或寻求他们的指导。

（四）多复盘自己的相关做法

"复盘"原本是围棋术语，现在也被引入学校教育教学工作的语境中。这个词的大意是，回顾一下自己处理某件事的过程，看看哪里可以改进和提高。教师可以通过复盘总结自己在教育教学工作中的经验和不足。

在教师的日常教育教学工作中，有很多问题值得我们研究。教师最适合做的研究就是身边的研究。比如，如何增强学生的学习动机，如何激发学生上课的参与热情，如何提高集体备课的质量，如何发挥好微视频的作用等，这些都是我们可以研究的内容。

集体备课是中小学普遍开展的一种教研活动，但实际上，批评集体备课的声音也广泛存在。因此，如何提高集体备课的质量，这个研究课题就具有非常现实的意义。

比如，作为集体备课的负责人，备课组组长必须清楚地认识到，集体备课的目的是提高备课的质量，而不是分解任务，减轻备课组各位教师的负担。因此，备课组组长要定期和备课组成员一起分析，目前所开展的集体备课方式是否有助于备课质量的提高；要通过检索资料，了解目前相关研究者和实践者对集体备课的研究到了什么程度，以及目前最受大家认可的集体备课方式是怎样的；同时，也要借鉴最新的相关研究成果，并结合本备课组的实际情况，与备课组成员一起探讨，究竟是分工完成一份完整的教案，还是每人每一课提供一份教案的初稿作为共享的资源。此外，随着义务教育新课标的实施，"大单元""大概念"理念的融入，也对集体备课提出了新的要求。一线教师可以结合这些新理念、新要求开展对集体备课的研究。从集体备课这个例子可以看出，即便是教师例行的工作，只要教师抱着研究的心态，也会有很大的研究空间。

教师只有坚持在研究的状态中工作，用研究的眼光看待自身的教育教学工作，才能成为一名真正的一线教育教学研究者。

二、具有强烈的问题意识

一位具有较强问题意识的教师，能够在教育教学实践中发现问题，并在此基础上研究问题、努力解决问题。如果没有问题意识，我们就很难找到那些值得研究的问题。2014年4月，我应邀为浙江省嵊州市名班主任培训班的学员开了一场题为"班主任应提高主题班会课'执教力'"的讲座。对主题班会课的研究，其实是我在习以为常的工作中发现的一个实用课题。我观摩了校内外的多次主题班会课后，留意到这样一种现象：不管是学校组织的主题班会课，还是班级开展的主题班会课，基本是由学生主持，这些主题班会课更像一场场小型的晚会。当前，随着班主任的专业化发展，上好班会课应成为班主任的一项基本功，但班主任是否能胜任主题班会课的主持工作呢？

于是，我就此问题和时任宁波市中小学德育研究会会长的张骏乐老师进行了交流。他也深有体会，还给我讲了一个例子。2009年11月，在成都市举办的全国首届中小学主题班会课南北名师对抗赛上，有一节题为"拥有一颗诚信的心"的主题班会课就采用了学生主持的形式，整堂课不管学生对诚信的解读出现了什么疑问，都依照预设按部就班地进行，结果由于学生的疑惑得不到解决，分歧得不到统一，一堂课只热热闹闹地走过场了。而另外一节有关亲子沟通的主题班会课，全程由教师主持，因为教师在课堂上能及时引导学生走出困惑，所以这堂课就取得了很好的教学效果，也得到了大家的一致认可。

后来，我和张骏乐老师一起对这个课题进行研究。在研究的过程中，我发表了《班主任需提高班会课主持能力》《警惕假班会》等文章。我申报的德育个人课题《提高初中班主任班会课主持能力的研究》还在宁波市第三届德育专项个人课题成果评审中获得了一等奖。2014年3月，《德育报》的《创新秀场》栏目对宁波的做法进行了推介。2017年4月30日，我应邀写的一篇文章发表在《德育报》上。我从日常的班会课中发现班主任缺位的现象，在兴趣的驱动下，继而对这一现象进行研究，取得了一些成果。在我的建议下，我所在的学校以"初中魅力班会课"为核心，申报了一项宁波市教科规划课题，并被批准立项。这项课题的研究有效地引导了本校班主任提高班会课的主持能力。由此可见，我的这项研究对学校德育工作的改进也是有一定帮助的。

尽管并不是所有的问题都能转化为课题，但是具有问题意识的教师，无疑可以更好地开展研究工作。

三、坚持把读书和写作当作一种生活方式

近年来，宁波市镇海区的教师积极参与"每月啃读一本书，用心写就千字文"的"啃读挑战"活动，把阅读和写作当作自己的生活方式，在不知不觉中提高了研究水平，让自己过上了一种有"研究味"的教育生活。

教师的研究离不开阅读和写作。把阅读和写作当作自己的

生活方式，这样才能使自己始终处于学习和反思的状态中。可以说，阅读和写作，既是教师研究的有机组成部分，也是提高自身研究水平的有效方式。

阅读既可以拓宽视野，也能激发灵感；阅读会对原有的认知结构造成一定的影响，让自己对某些问题产生新的看法，对司空见惯的现象产生新的认识，而这些都能成为研究的起点。我们区有一位年轻教师，在认真阅读了《陶行知文集》后，受陶行知先生倡导的"小先生制"的启发，以《核心素养视域下"小先生制"在初中数学习题教学中的实践研究》为题申报了宁波市中小学（幼）课程与教学专项个人课题，并成功获得立项。

写作，既是教育研究成果的表达方式，又是教育研究必不可少的一个环节。教育写作是一种非虚构写作，教师是可以在教育写作的实践中提高教育写作水平的。我们区有不少教师在各类分享会或者总结材料中提到，他们在"读写结合"中提高了自己的教育写作水平。大家通过写读书心得而提高的教育写作能力，是可以迁移到写论文和课题报告上的。我见过不少写出了优秀读书心得的教师，写的论文也获得了省市级教育论文评比的一等奖。写作，有助于进一步厘清自己的思路，澄清自己的认识。同时，教育写作成果的发表或者获奖，也会进一步激发教师的研究热情。

教育研究就是要把阅读、反思、写作和实践有机地融合起来。教师如果能把阅读和写作当作自己的生活方式，那么离研究的生活方式也非常近了。在我看来，想做一个有"研究味"的教师，那就必须坚持阅读和写作。

做一个有"研究味"的教师，关键在于持之以恒。一个有"研究味"的教师，只要长期坚持，就会自然而然成为一个研究型教师。

教育研究
并不会妨碍教书育人

在不少教师看来，教书育人是他们的职责，只要把学生教育好，把课上好，这就够了。他们觉得自己既没有时间，也没有必要做什么教育研究。尽管这样的说法并不新鲜，但至今依然在一些教师中流传。

一、一些普遍现象

在当下的中小学中，教育研究与教书育人像两条平行线般始终没有交点的现象依然存在。造成这一现象的原因既有客观的，也有主观的，我们需要理性看待。

谈到自己远离教育研究的原因时，一线教师经常说是工作太忙了，没有时间。一线教师工作繁重、时间紧，这是一个客观的现实，但以此为理由拒绝开展教育研究，还是和教师内心

16

排斥教育研究、缺乏对教育研究的正确认识有很大的关系。

正因如此，有些教师缺乏必要的教育写作成果，比如教育论文，也就不足为奇了。没有开展教育研究的意识，平时缺少必要的教育专业阅读，从来也不把教育写作放在心上，这就导致有些教师写作能力差，不敢下笔，写不出符合职称评审要求的论文。"平时不理不睬，到时一声叹息"，这样的说法还是很符合实际情况的。拿不出符合要求的论文就成为不少教师的"硬伤"。一些教师就此放弃了，认为自己不是写论文的料。还有一些教师通过请人代写或买版面的方式来获得论文。后者不仅涉及学术不端，还与职称评审中对教师教科研能力的要求背道而驰。这样做，既使得教科研工作在教师心目中的地位下降了，又对一些脚踏实地开展教育教学研究的教师非常不公平，实属不良风气。

此外，有些新教师不了解教育研究该怎样做，缺乏方法，效率低下，因而对教育研究充满了畏惧。

二、教育研究并不会妨碍教书育人

教师开展教育研究，不是非得申报什么级别的课题，关键是教师能用研究的心态处理教育教学中的问题，提高自己的教育教学水平。那些认为教育研究会妨碍教书育人的教师，是把教育研究和教书育人对立起来了，把"一张皮"变成了"两张皮"。有些教师由于从来没有"躬身入局"过，所以也就很难体会到教育研究真正的力量。

2022 年 9 月，在宁波市教育局主办的首届教科节的开幕式上，有 4 位正高级特级教师分享了他们的成长感悟，其中有好几位都不到 40 周岁。他们成长的关键就在于牵手教育研究。有的是从教伊始就与教育研究同行，有的是从教若干年后，在不知不觉中开展教育研究，从而快速地成长起来了。这几位正高级特级教师的成长历程，充分说明教育研究不会妨碍教书育人。

当然，这 4 位正高级特级教师的成长经验并不能轻易地被复制，但我们可以坚信一点，即教育研究并不妨碍教书育人，相反，它会帮助教师成长，增强教育教学效果。

教师开展教育研究，最直接的体现和产出就是写教育教学论文。同样，教师写论文也不会妨碍教书育人，甚至还可以将写论文转化为教学生产力，从而提高教学质量。我个人更倾向于把教师写的各类文章（包括论文），称为教育写作。

中小学教师不妨重新审视教育写作的意义，通过教育写作促进自身专业成长，并在此过程中为自己的职称评审做好充分的准备。

中小学教师写的文章不是高校教师或者教育理论研究者写的那种学术论文，也不是无病呻吟，而是与自身的教育教学工作密切相关的，是对它们的描述、总结和反思。

从某种角度而言，教师写论文和医生写论文也有相同之处。对于医生来说，是写论文重要，还是看病重要？医生的职责是救死扶伤，看病当然是最重要的，这理应是一个常识，但在现实生活中也出现了“医术好的不写文章，写论文的不看病”的怪现象。医生的论文从哪里来呢？我有一个中医朋友，他比较顺利地评上了正高级主任中医师。我曾在中国知网上查过他的相关文章，发现那些文章均来源于他的病例。一线医生写的论文是从临床实践中总结出来的，这和一线教师写的论文源于教育教学实践是差不多的。

教师把教书育人的本职工作做得精彩，写出来的文章才有可能精彩。教育写作的主要素材就是教育教学工作中碰到的问题、面临的困惑、想突破的难点等，这些都是来源于教师的日常工作的。要是教师脱离工作实践，为了写文章而写文章，就会增加自己的负担，并且也无益于改进自己的教育教学工作。这样的教育写作就是走错了路子。

教师的写作并不是另起炉灶，而是教书育人工作的有机组成部分。教师通过写作，可以进一步梳理思路，更好地反思教育教学工作中的得失；也可以在更大的范围内交流自己的思想和经验，加快自己成长的步伐。

冯卫东老师在其著作《今天怎样做教科研——写给中小学教师》中提到，在学习、实践与思考方面，教师与教师之间本来就存在着不小的差距，而写作则把这种差距拉得更大了，甚至拉到极致。的确，教育写作是促进教师成长的有效抓手，拒绝写作就是拒绝成长。

在大力建设学习型社会的今天，教师要切实转变观念，要有"一盘棋"思维，不要把教育写作和日常的教育教学行为割裂开来。教师把阅读和写作当作自己的生活方式并持之以恒，是能实现教书育人与教育写作"比翼双飞"的。

教育写作其实就是教师在书写自己的教育人生，留下自己的成长足迹。教师曾关注过什么话题，进行过怎样的思考，有过怎样的心路历程等，这些都可以在教育写作上体现出来。华中师范大学教育学院郭元祥教授在《教师的20项修炼》一书中把"教师的写作"作为其中一项修炼，并称之为"教育生活体验的表达"。

教育写作也是减轻教师职业倦怠感的有效途径之一。尽管有些教师不是为了发表或获奖而写文章的，但用心写出来的一篇文章往往更容易获得各种发表或者获奖的机会。当教师看到自己的文章被认可后，从教师这份职业中获得的幸福感就更强了。同时，这样也能增强教师的信心及为师的底气。教育写作与教师的阅读、实践和反思有机结合，可以丰富教师的专业生活，也会对职评或者参评名优教师起到积极的推动作用。

我认为，教师把教育研究的过程做好了，获得一定的研究成果是必然的，到那时，评职称所需要的论文也就自然解决了。

三、一线教师应有的研究心态

我呼吁，广大一线教师要认识到教育研究在自己职业生涯中的价值，让教育研究融入日常的教育教学工作中。

我觉得，一线教师应该有以下三种研究心态。

（一）教育研究就在自己身边

教师开展的教育研究，并不一定是正式立项的课题，因此进入的要求并不高。每一位教师都可以从自身的需求和优势出发，提高日常教育教学工作中的研究含量，让自己过一种有"研究味"的教育生活。

（二）教育研究是一种生活方式

教育研究于教师而言，是丰富教育教学生活，增加日常工作的探索意味，减轻职业倦怠感的一种专业生活方式。当一线教师把教育教学实践和阅读、思考、写作有机结合时，就可以在教育研究的过程中学得更多，写得更多，从而收获更多的"副产品"。

（三）教育研究可以持续精进

各类立项课题一般都有结题的期限，一至三年不等。但课题结束并不意味着研究也结束了。教师对自己感兴趣的研究内容，可以长期进行挖掘，就像深挖一口井。甚至，某些研究内容还可以成为教师的终身研究课题。在持续研究某个问题的过程中，教师或许就能成为某个领域的知名专家。当然，这样的成名并不是刻意追求的，在很多时候都是自然而然形成的。

我原先在中学工作时，曾在《浙江教育报》上发表过一篇文章《也就"多写了三五篇"》。当时，作为教科室主任的我，在统计每年教师所取得的各类教科研成果时，发现无论是读书心得，还是学科论文或者其他教育文章，"榜上有名"的往往是那些工作忙碌、卓有成效的教师。由此我感慨，每年多写三五篇教育文章，不但不会影响教师正常的教育教学工作，反而在写作反思中更好地促进了教育教学工作。其实，这也是教育研究不会妨碍教书育人的一大例证。

提升科研素养
是教师的必修课

　　"教育科研是第一生产力""做研究型教师"，这样的口号对于教师而言并不陌生。但在现实中，很多中小学教师并没有真正使用好"教育科研"这一利器。事实上，开展教育研究是提高教师职业文化素养和科研素养的基本途径，也是教师专业区别于其他专业的本质特征。大量优秀教师的成长案例表明，没有文化素养做不了教师，没有科研素养做不了好教师，好教师一定是具有文化素养和科研素养的。

　　科研素养是教师专业发展的底色，拥有科研素养的教师会在很大程度上提升自己的教育教学能力。我认为，我们需要重视科研素养在教师专业发展中的重要作用，让科研素养赋能教师专业发展，帮助教师切实做好立德树人工作。

一、提升科研素养是教师的"必修课"

（一）科研素养是教师的工作帮手

中小学教师做科研，主要是为了改善教育教学，促进自我发展。我们可以这样说，教育科研是教师提升工作效率和促进专业发展的"利器"。2019 年，教育部印发了《关于加强新时代教育科学研究工作的意见》，鼓励、支持中小学教师增强科研意识，增强科研成果转化意识，"推动教育科研成果转化为教案、决策、制度和舆论"。其中，"推动教育科研成果转化为教案"的言外之意就是教育科研要服务于教育教学。我认为，有科研助力的课堂，将会更有魅力、更有价值。

（二）科研素养是教师的入职标配

2021 年 4 月，教育部办公厅发布的《中学教育专业师范生教师职业能力标准（试行）》《小学教育专业师范生教师职业能力标准（试行）》一系列文件中提到了"学会研究"的要求。以《中学教育专业师范生教师职业能力标准（试行）》为例，教师要"初步掌握学科研究与教育科学研究的基本方法，能用以分析、研究教育教学实践问题，并尝试提出解决问题的思路与方法，具有撰写教育教学研究论文的基本能力"。可见，"学会研究"是教师职业能力的要求之一，是入职前就应培养的基本素养。

（三）科研素养是教师的培训内容

教育部 2020 年 7 月颁布的《中小学教师培训课程指导标准（专业发展）》明确指出，中小学教师要理解以校为本的行动研究的意义，学会制订行动研究方案，掌握行动研究中的常用方法，学会撰写研究报告和研究论文等研究成果。这个指导标准是各级教育行政部门、教师培训机构、教研机构以及中小学设置教师专业发展培训课程、开发和选择课程培训资源的基本依据。可以说，加强教师科研素养的培养，是教师培训的题中应有之义。

不管是从教师职业能力标准的角度，还是从教师培训课程标准的角度来说，提升教师科研素养已经成为教师的"必修课"。

二、提升科研素养的三个"关键点"

在谈及中小学教师科研素养的构成要素时，有研究者认为中小学教师科研素养包括科研观念、科研理论、科研能力和科研道德四个方面；也有研究者从科研精神、科研知识、科研能力三个维度构建教师的科研素养框架；还有研究者从科研品质、科研道德、科研知识和科研能力四个方面进行分析。

综合诸多研究者的观点，从可操作性的层面来说，我认为可以从科研意识、科研知识和科研能力三个方面来考量中小学教师的科研素养，这三个方面就是教师科研素养提升的"关键点"。

（一）进一步强化自身的科研意识

教师该怎样强化自身的科研意识呢？首先，教师要有正确的科研价值观，要认识到科研对自身工作和成长的价值所在，科研是和日常的教育教学工作结合起来的，并不需要花费额外的时间再做。其次，教师要有集德研、教研、科研为一体的大研究观，真正在研究的状态下工作，把研究作为自己的一种专业生活方式。最后，教师平时要有问题意识，对于教育教学中的一些困惑，能自觉地用研究的方式解决，切实提高自己解决问题的能力，让自己在碰到问题时变得更有办法。

（二）进一步增加自身的科研知识

学习教育理论思想，是做好教育科研工作的第一步。有研究者认为，中小学教师要想做好教育科研工作，除了掌握扎实的学科专业知识外，还需要拥有科研理论知识，形成完善的知识结构。因此，教师要多进行教育理论、教育科研方面的阅读。教师只有将学科专业知识和科研理论知识有机融为一体，并在教育教学实践中灵活运用，才能更好地理解科研理论知识。我认为，学习科研知识应该还包括学习前沿的教育理论和优秀教师的科研经验。同时，教师还要熟悉课题研究的流程、课题研究的方法、结题报告的撰写、科研成果的提炼等。

（三）进一步提高自身的科研能力

教师的科研是实践的艺术，因此，教师想要提高自身的科研能力就必须投身实践。无论是立项课题，还是自发的小课题研究，都能锻炼教师实际的研究能力。尽管教师的小课题研究未必能立项，但是教师如果平时通过"事上练"打下了扎实的基本功的话，等有机会主持课题研究或者负责课题研究的执笔工作时，就会游刃有余。立项课题则会让教师对课题研究的全流程有更清楚的认识，教师能通过与团队、专家的碰撞和合作提高自己的科研能力。此外，教师还要注意比较、总结各种教育科研的方法，并在研究实践中不断地灵活运用。经验丰富了，科研动力也会越来越足。

三、提升科研素养的有效路径

前不久，一位酷爱阅读的年轻教师告诉我，她的学科论文获得了省级一等奖，并且是全市唯一一篇获得省级一等奖的论文，而此前她从未获得过省级大奖，最多只得过市级三等奖。她的感受是，这两年的专业阅读对她帮助很大，让她不仅提高了教育理论水平，还提高了教育写作的能力。因为，通过写读书心得锻炼出来的教育写作能力也能迁移到写论文和课题报告中。对此，我深有同感：自觉的专业阅读和教育写作是教师提升科研素养的有效路径。

（一）成为教育理论学习的"觉醒者"

实际上，真正有专业阅读习惯的教师并不多。很多教师在参加培训时，对理论方面的培训内容也是有抵制情绪的。针对这样的现实困境，我们该怎样引导教师进行专业阅读呢？

不同的地方有不同的尝试。比如，河北省唐山市通过教育行政部门组织教师进行专业阅读，广东省通过省级教育媒体开展教师专业著作读书征文比赛，北京市海淀区通过教科部门来具体推动。宁波市镇海区，从 2018 年起，每年都会开展"每月啃读一本书，用心写就千字文"的"啃读挑战"活动，利用线上、线下读书分享会的形式为教师搭建专业交往的平台，让教师参与各类研究实践。

河南省的《教育时报》组建了河南教师读书会，并且还吸收省外会员。读书会走进各类学校，开展网上共读和主题讨论活动，而且还整理出了精选书单，包含《给教师的建议》《优秀教师的 30 本案头书》《静悄悄的革命——课堂改变，学校就会改变》《陶行知教育名篇》《教育的目的》《教学勇气》《今天怎样做教科研——写给中小学教师》《教育漫话》《课堂研究》《做一个学生喜欢的老师——我的为师之道》等专业著作。

（二）成为教育专业写作的"行动者"

实际上，真正有教育写作习惯的教师也不多。有些教师可能一辈子就写了几篇用于评职称的文章。王丽琴主编的《让教师不再害怕写作——八种常见教育文体撰写"地图"》一书中提到了有些教师宁上十节公开课，也不愿意写一篇文章的现象。尽管这个说法听起来有点夸张，但当我在讲座中引用这个资料的时候，有些教师倒也很乐意对号入座，说自己就是这样的。这说明，教师害怕教育写作的现象是普遍存在的。

河南教师读书会每年评选优秀会员的标准就是谁读的书多，谁的分享多，谁写的文章多。有这样的激励措施，读书会的教师自然就会用心地去读、去写，并在此基础上进行分享，实现专业阅读、专业写作、专业交往的有机结合。

有些教师说自己不是不愿意写，而是没东西写。在这种情况下，写读书心得就是很好的练笔方式。一篇好的读书心得是一个人的全部知识、思想、语言等方面的总输出。以宁波市镇海区的"啃读挑战"活动为例，参与者一年至少要写 12 篇不少于 1000 字的原创读书心得。这个要求，一方面，能更好地促进教师进行阅读，另一方面，能让教师在写作实践中锻炼遣词造句能力。不少教师在"啃读挑战"的年度演讲中都提到自己参与这个活动后，切实提高了教育写作水平。可见，读写是不能分开的。

（三）成为课题规范实施的"体验者"

尽管教师做研究，未必局限于正儿八经的课题研究，但是如果教师一直没有做完整、规范的课题研究的体验，缺乏相关的专家指导，那么在教育科研素养的提升上也是要打折扣的。

教科部门设立的各种小课题，为教师开展适合自己的研究提供了便利，有利于教师在课题研究的实践中提升科研素养。即便是小课题，对于一线教师而言，要想获得立项也并不容易。因此，各级教科部门设立的集体或个人课题，可以让更多的教师有亲近规范的课题研究的机会。近几年，宁波市镇海区教科所在这方面进行积极尝试，并逐步完善了区级课题体系。

一线教师要想真正地把研究作为自己的专业生活方式，仅仅参加教科部门的课题立项和成果评选是不够的。一般而言，教师参与的各类立项课题研究以短平快为主。我建议，教师最好有长期关注的话题。有长期关注的话题就相当于有深耕的领域，自己也会有意识地搜集整理相关话题的资料，在此基础上进行深入思考，撰写相关文章，让自己过上一种有"研究味"的教育生活。

教师要想做好研究，除了阅读专业著作外，也应该关注专业刊物，因为专业刊物可以帮助我们获得相关研究的最新进展。教师不妨借助云笔记，为自己建立触手可及的移动科研资料库。目前，很多教育专业刊物都开通了微信公众号，并经常在上面推送发表过的文章。这些文章都可以纳入教师的移动科研资料库。另外，教师还可以经常浏览期刊网，留意自己关注的领域有没有最新的成果发布。有移动科研资料库的加持，教师开展相应的研究就会有如虎添翼的感觉。

作为新时代的教师，我们要充分认识到提高科研素养对自己职业生涯的重要价值。专业阅读和基于专业阅读的教育写作，门槛其实并不高，重要的是真正行动起来，潜心读写。

"研究意识"
让我们和研究"零距离"

教师成为研究者的提法，随着我国第八次课程改革的推进而逐渐深入人心。不过，在现实中，不少教师并没有把研究作为自己的专业生活方式。他们或对研究冷眼相看，或被动参与研究，而内心对研究是抵触的。

一、务实的教育研究才有魅力

在当下的学校语境中，教师做研究往往被窄化成做课题研究。不可否认，现在开展课题研究的现象还是较为常见。大家忙着课题申报或者结题评奖，这就导致课题研究经常随着拿到一纸获奖证书或完成一份结题报告就彻底结束了。

很多学校急于求成，根本不关心有多少教师真正在课题研究中获益，得到成长。有些学校，虽然拿了很多高级别的课题奖项，但是学校中的很多教师都没有融入课题研究的大潮中。有些学校，课题研究成了少数人的游戏，是学校里某些"笔杆子"的"专利"。这样的课题研究，自然是小众的，是与广大教师群体有距离的。在大多数教师眼里，研究或者是课题研究，无非就是学校的门面装饰，跟自己没什么关系。

当然，有些学校非常重视教育科研工作，他们相信教育科研是教育发展的第一生产力，倡导"研究全员化，人人做课题"。从某种程度上说，这其实也是一种教育科研上的"大跃进"，虽然表面上看起来红红火火，但是很多教师处于"被研究"的状态。学校缺乏相应的管理机制，只是要求教师在规定的时间内上交研究成果。到了截止时间，不少教师随意从网上下载一些资料，拼凑一下应付了事。这样的"研究"也加剧了大家对研究的反感，认为研究就是那么回事，是务虚的，是形式主义。

对于教师来说，只有从自己的实际问题出发，用来改进工作、提升自我的研究才真正有魅力。只有教师自己有研究意愿，学校进一步搭建平台，这样的研究模式才能真正动力十足，为教师带来可持续的发展。

二、接地气的研究意识来源于我们的实际工作

我曾作为德育专项个人课题主持人参加镇海区教科所组织的课题指导会。会上，有一位教师提到，自己班里有两名学生容不得别人比自己考得好，如果别人考得比自己好，他们就会反复检查别人的试卷，希望能找出漏洞，把别人的分数减下来。针对这样的现实问题，该教师就把如何转化这两位学生扭曲的

竞争心理，并引导全班学生树立健康的竞争意识作为自己的研究课题。这样的研究，针对性和实用性都很强，既有助于这位班主任解决现实中碰到的困惑，又有助于提升他的班级管理水平。再说，课题研究的内容本身也是教师自己非常感兴趣的，因而在研究的过程中，教师肯定也会很投入。

我认为，教师应该理性看待规范的立项课题以及课题的级别。申请不到立项课题的教师需要保持良好的心态。比立项课题研究更重要的是教师在日常工作中所做的研究。教师日常的研究，不一定要采用什么严谨的研究形式，也并不一定要形成什么高大上的研究成果。只要这项研究能让教师有所启发、有所提升，就是值得做的研究，就是有效的研究。

以前在中学工作时，作为学校推动教师阅读的具体负责人，我把如何有效推动教师阅读作为自己的研究内容。在八年的时间里，我虽然在教师阅读推广方面没有申报任何级别的课题，但是也取得了不少成果。比如，我在《中国教育报》《教师博览》《中小学德育》《师资建设》《教育时报》《浙江教育报》等多家报刊上发表了相关的文章，也应邀开展了 30 多次有关推动教师阅读的讲座。学校推动教师阅读的做法成为学校的特色，我多次代表学校在省市校长培训班学员来校蹲点学习时介绍相关的经验。

我的个人专著《教师阅读力》，出版后在当当网等售书网站上热销，并被《中国教师报》《现代教育报》《教育时报》等 10 余家教育媒体推荐，还顺利入选 2014 年度"影响教师的100 本书"。这也说明接地气的研究成果是很受教师欢迎的。

2022 年 9 月，广西百色市教育局党组书记、局长杨序勇和我联系。他说，他读了我的《教师阅读力》一书后很感兴趣，通过该书的序言作者常生龙老师联系到我，并正式邀请我在"百色市阅读推广主旨报告会"上作主题分享报告。2022 年 10 月 9 日，我在线上和百色市的同行分享的主题是"'啃读挑战'搅动区域教师专业阅读一池春水"。这次分享颇受好评，在后来的阅读领航员专题培训中，他们又邀请我分享了"如何开展教师读书会"的相关内容。

三、"研究意识"让我们和研究"零距离"

郭元祥教授在《教师的 20 项修炼》一书中把"教师的研究"列为其中一项修炼，并称为"专业发展必经之路"。

我认为，教师要成为真正的研究者，先要成为研究意识的"觉醒者"，这样才能让自己在研究中提升研究能力。

对于什么是教师的研究意识，目前还没有定论。华东师范大学吴刚平教授认为，"教师的研究意识是指教师富有创造性地进行教育教学工作，主动探究教育实践，丰富知识，完善思维，健全人格，促进发展，追寻教育教学新的意义的精神力量的总和"。浙江师范大学李润洲教授认为，教师的研究意识至少包含三个相互联系的要素：对自身教育教学问题的创新解答，以行动研究为主的方法综合和致力于教育教学完善的成果呈现。

吴刚平教授和李润洲教授关于教师研究意识的具体表述虽然有所不同，但聚焦点都在教育教学工作上，这也意味着中小学教师研究意识的树立必须基于自身的工作实践。

综合各方面的论述以及我个人的成长经验，我觉得中小学教师树立以下六个方面的研究意识非常关键。

一是问题意识。中小学教师的研究主要是为了解决教育教学中的各类问题。无论是学科教学、班级管理，还是日常的教研活动，教师总会遇到这样或那样的问题。对待问题采取睁一只眼闭一只眼的态度，是不会帮助教师获得真正的专业成长的。只有正视问题，才能真正解决教育教学中存在的实际问题。有了这样的基础，教师如果要申报各级各类课题，就可以顺利地把问题转变为课题。

二是反思意识。"反思"这个词，中小学教师并不陌生。有研究者认为，"反思"就是"对思考的再思考"，主要包括实践后的思考和对已有思考的重新思考。因此，中小学教师在围绕教育教学所开展的研究实践中，需要对实践后的一些做法进行思考，对一些思考进行再思考，在这样的反思中找到更好的解决问题的办法。因为这样的反思是带有主动性的，是教师主动摆脱教育教学困境的一种实践探索。

三是学习意识。中小学教师，要进一步强化学习意识，要关注自己所在领域的最新发展动态，了解优秀的同行在思考哪些问题。比如，为了提高研究的质量，教师要主动学习一些教育科研方面的著作，了解教育科研的常用方法，并在实践中灵活运用这些研究方法，真正为自己所掌握。又如，2022年版义务教育新课程标准，对教师的教育教学提出了很多新的要求，同时这也为教师的研究提供了很多新的方向。

四是创新意识。中小学教师做研究，也是需要站在前人的基础之上的。尽管中小学教师的研究主要是为了改进自己的工作、促进自我的专业成长，但是必要的创新也不能少。有些内容前人已经研究得比较清楚了，因而大家也没有必要再进行重复。教师完全可以站在前人的肩膀上，针对自己面临的问题和困惑，实现相关领域的微创新。也许比别人多走一小步，自己的研究就会更有价值。

五是合作意识。教师虽然可以"躲进小楼成一统"，独立做自己感兴趣的研究，但是当研究内容很复杂时就不能单打独斗了，而是作为课题组的一分子，和其他教师一起合作。因此，教师需要有团队合作意识，根据课题组长的分工要求，及时完成自己的研究任务，并能实现资源共享，一起把研究做得更好。

六是成果意识。尽管中小学教师做研究主要是为了解决教育教学实践中的问题，但同样需要有成果意识。尤其是一些高级别的立项课题，最后除了要提交研究报告，还需要公开发表一定数量的论文。事实上，在研究的过程中，教师也是可以出成果的，比如，写成相关的论文、调查报告等。这些成果，既是对研究的一种记录、一种阶段性总结，也是自身专业成长方面的一些物化成果。

有了上述这些"研究意识"，我们就和研究"零距离"了。当然，光有"研究意识"还不够，关键是要通过"下水"实践，扎扎实实地开展研究，在研究中提升自我，提高教育教学的质量。

做研究要解决
教育教学中的实际问题

中小学教师的研究，并不是要解决思想创新的理论问题，而是要解决教育教学中的实际问题。事实上，相关的教育科研管理部门，在课题立项评审或成果评审中，都把实用性作为一个非常重要的考量指标。从某种角度而言，这也是教师做研究的一根指挥棒。

无论是开展立项还是不立项的研究，都要突出应用性。有些教师在申报各级各类课题，尤其是高级别的课题时，为了争取立项有可能"剑走偏锋"。比如，片面追热点、套理论，将课题申报材料写得非常漂亮，但是这样的课题获得立项后，往往会因为难以落地而无法深入开展研究。到了快要结题的时候，只能匆忙应付了事。即便最后侥幸获奖了，除了一纸证书，也不会对自己的成长有多大的作用。这样的研究，其实是走进了为研究而研究的误区，性价比非常低。

中小学教师要想突出研究的应用性，发挥好其改进工作、提升自我的作用，先得从选题这一步开始。选对题、选好题，这样才能方向明、行动灵，才能更好地把研究落到实处。

费岭峰老师在《怎么做课题研究——给教师的 40 个教育科研建议》一书中提到，一线教师的研究课题往往产生于四个方面：一是自身的教育教学实践；二是当前的教育改革热点；三是专业的理论学习；四是同伴实践经验的迁移。

在这四个方面的选题中，来源于自身教育教学实践的课题应用性最强，相对而言，也是最能做实的，但创新相对比较难。

每一位教师在教育教学实践中都会遇到各种各样的困难，工作中也会被这样或那样的问题困扰，那么对于改进教师自身的工作来说，解决这些问题就非常有价值。如果认真研究这类问题和困难，并进行积极探索与实践，就会取得很不错的效果。

就算教师实在没有什么困惑，但只要教师想提高工作效率，想更好地完成本职工作，那么这里面也有很多值得研究的问题。这也就是通常所说的——增加日常工作的研究含量，在研究的状态下工作。

另外，与专业的教育理论工作者相比，中小学一线教师最了解教育教学的问题所在，最了解教育对象，这更有利于一线教师开展极具应用性的研究。

比如，《"双减"背景下提高可有作业设计效果的研究》《父亲课堂：打造阳刚男孩的行动研究》《初中历史教材插图深度开发与使用研究》就是来源于自身教育教学实践的课题。

教师研究这些课题，能起到改进工作、提升自我的作用。

当然，费岭峰老师所说的另外三个方面，也可以开展应用性研究，但相对来说，创新容易，做实较难，是否能有效开展要结合教师自身的实际情况而定。有些教师自身的研究素养比较高，平时也注重专业阅读，这样就容易在阅读中触发自己新的思考，并和自己的实际工作相结合，破解教育教学中的难题或形成自己的创新点。事实上，当前的教育改革热点、专业的理论学习、同伴实践经验的迁移，这三个方面的选题也都是要与自身的教育教学实践结合起来的，处理得好是能取得"一加一大于二"的效果的。

处在不同岗位的教师考虑的问题也不尽相同。以校级领导为代表的学校管理者主要关注学校的整体发展，学校的部门负责人主要考虑的是自己分管范围的事，名师考虑得更多的可能是学科教学改革或学科整体建设方面的问题，普通教师主要考虑的是具体的学科教学或班级管理工作。不管怎样，中小学教师要突出研究的应用性，要让自己在研究中有获得感，切实感受到研究的力量所在。

我原先在中学工作时，最初研究的着力点就是自己的课堂教学，希望通过研究让自己能站稳讲台，让自己的课能带给学生切切实实的帮助。我虽然没申报过课堂教学方面的立项课题，但一直坚持以研究的态度对待课堂教学，给课堂教学注入研究的力量，同时注重将自己的思考写成文字，因而就有了多篇获奖或发表的教学论文。

在担任学校教科室主任后，我把如何扮演好教科室主任这一角色作为自己的研究内容，明确了"助力学校宣传、助力校长办学、助力教师发展"的工作追求，并先后发表了《对学校教科室主任加强自身建设的思考》《做智慧型服务的提供者》《教科室主任"有为"，教科室才能"有位"》等文章。

那时，我也负责学校的师训工作。我把如何促进教师专业发展作为自己不立项的课题，在高质量完成相关工作的同时，还出版了《教师成长力修炼》一书。

现在的我，主要把推动区域教师专业阅读作为研究课题。我申报的省教师教育课题和市教师教育重点课题都成功立项了。近年来，在省市各类教师读书征文比赛中，镇海区的教师不仅获奖质量高、数量多，而且获奖面广，这也是区域教师专业阅读普及化的具体体现。在有效推动区域教师专业阅读的同时，我在教师专业阅读方面也发表了不少文章，还有不少成果获奖。

突出研究的应用性，不仅能有效改进工作，还能形成相应的研究成果，真正促进自我发展。20多年来，我也从一个刚入职的"小白"成长为一个具有一定专业影响力的教师，曾荣获浙江省教科研先进个人、2015年浙江教育十大年度影响力人物、中国教育报2020年度推动读书十大人物等称号。

从研究中
提高职业幸福感

　　近年来，教师职业倦怠越来越受到社会各界的广泛关注。早在 2006 年，《中国教育报》就连续用 5 个版面关注过教师职业倦怠的话题。现在，教育媒体关注教师职业倦怠和职业幸福的热度也只增不减。由于教师职业的特殊性，教师是否能享受职业幸福，会在很大程度上影响学生的幸福感。教师的职业生活具有重复性，而且他们与外界的联系也相对较少，如果缺少必要的支持系统，再加上自身不注意调节的话，就容易出现职业倦怠。教师一旦出现职业倦怠，就难以享受职业幸福了。我认为，化解教师职业倦怠，提高职业幸福感的有效途径就是积极参与教育研究。

一、在研究中破解"新问题"

教育是面向未来的事业。如何应对未来的挑战，其实教师是没有现成经验的。教师不能拿以前的经验来教今天的学生去应对明天的挑战。因为教师的工作中面临着很多不确定性，经常出现很多以前没有碰到过的新问题，所以教师面临着越来越大的压力。

很多教师都感慨现在的学生越来越难教了，这是一个不可回避的事实。今天的学生，作为数字时代的"原住民"，他们与我们所处的成长环境是不一样的，他们的生活中存在很多比学习更有吸引力的东西。他们的视野更加开阔。他们获取信息的渠道更多，但是也更容易学到一些不良行为。如果教师还拿原来的"武器"来"征服"现在的学生，那么它在学生面前的威力就要大打折扣。如今，怎样让学生服你，也成了教师的一个现实课题。因此，有研究者认为，研究具体的学生，应成为教师研究的主要内容。这是很有道理的。

面对新问题、新挑战，牢骚和抱怨是没有用的。教师唯有用研究的态度对待自身的日常工作，提高日常工作中的研究含量，才能更好地在探索中破解工作中出现的新问题。

二、在研究中提高"新技能"

教师的研究具有不可替代性，有"包产到户"的性质，必须用心去做，才能取得成效，才能让教师获得成长。比如，教师做研究需要阅读大量的资料，有了大量的输入，经过自己的转化，才可能输出有价值的成果。这个过程是不能让别人代替的，必须由教师自己完成。同时，教师在这个过程中也能获得真正的成长。

今天的教师还面临着专业水平不高的现实困境，而专业性是一个职业赢得尊重的前提。对于教师而言，运用好教育学、心理学的知识，并让这些知识更好地服务于教育教学，是其专业水平的重要体现。教师实践性知识的获得和内化，是需要在教育教学的具体场景中完成的，其实，这也是一种实实在在的研究。教师做这方面的研究，可以切实提高专业技能，帮助自己更好地完成教书育人的任务。

毫无疑问，一个教师的专业水平越高，就越容易应对教育教学工作中的各种挑战，从而越能赢得职业的尊严，让自己更好地享受职业幸福。

三、在研究中过上"新生活"

教师做的研究，是与自身的教育教学工作紧密结合的。如果教师不用研究的眼光看待日常的教育教学工作，那么他们的职业生活可能会充满重复性，缺乏创新性和挑战性。一旦教师在工作中增加了研究的含量，那么情况就大不一样了。因为在教育教学实践中，有很多问题值得教师去研究。客观地说，研究是需要投入的，是有一定挑战性的。正是因为研究有一定的挑战性和不确定性，所以研究可以丰富教师的生活，改变教师工作的重复性，让教师工作拥有更多的未知性和期待性。

教师做的研究，让教师有关注的领域，可以自得其乐。

借助研究，教师可以参加各类研讨活动，扩大交际圈子，结识更多的人。也就是说，研究可以让教师摆脱原有思维和交往的局限性，拓宽精神空间和生活空间，让教师的成长有更多的可能性。

教师做研究，可以让自己在逼仄的现实环境中多一份从容和淡定，多一点追求和探索；让自己拥有一方醉心其中的小天地，可以悠然自得地行走于三尺讲台之上。

"从事教育科研是一项增进教育附加值，让职业生涯变得更有意义的工作"，《人民教育》一篇文章中提到的这句话，进一步坚定了我在研究中提升职业幸福感的信念，并带动更多同行走上这条道路。

第二章

做好扎实的研究准备

深耕教师的
专业阅读

著名特级教师闫学在《中国教育报·读书周刊》上的《教师应该怎么读——一位特级教师的读书经》一文中说，一个阅读视野狭窄或者根本不阅读的老师，是没有能力做真正的教科研的。对于这个观点，我深有同感。离开了阅读，教师的科研眼光与判断力，往往也就无从谈起了。这里的阅读，主要指的是教师的专业阅读。

一、教师专业阅读应该读什么

（一）阅读职业认同方面的书，提升研究"观念水位"

职业认同与教师做研究有关系吗？这两者表面上看起来没什么关系，但事实上是有着非常密切的关系的。新教育实验认为，职业认同和专业发展是教师成长的两翼，两者是互相促进的。教师的职业认同度提高了，教师就会对自身职业所面临的压力和挑战有更清晰的认识，也会进一步意识到研究在促进自身专业发展中的重要意义。

新阅读研究所公布的《中国中小学教师基础阅读书目》共有基础书目 30 本，推荐书目 70 本。无论是基础书目还是推荐书目，均分为职业认同、专业发展、视野拓展三大类。以基础书目 30 本为例，其中职业认同类有 7 本，专业发展类有 15 本、视野拓展类有 8 本。从这个分类来看，职业认同类的书是教师专业阅读的重要内容。

《孔子传》《给教师的建议》《教学勇气——漫步教师心灵》《过去的教师》《中国著名特级教师教学思想录》等都是属于职业认同类的书。通过阅读职业认同类的书，向优秀的教育前辈或同行学习，一线教师可以前行得更有勇气，更有方向。教师在提升职业认同感的同时，也会进一步提升关于研究的"观念水位"。研究可以让教师在教育教学上变得更有方法，获得更好的专业成长。

比如，苏霍姆林斯基的《给教师的建议》一书中就多次强调教师做研究的意义和价值。教师如果反复阅读这本书，就会在潜移默化中强化自己的研究意识。

（二）阅读专业理论方面的书，拥有专家视角

教师做研究，需要一定的教育理论素养。教师通过阅读教育基本理论、教育学、心理学、课程开发等方面的书，可以提升教育理论水平，开阔视野。教师可以用相关理论指导自己的实践，反过来，教师也可以为自己的实践找到理论支持，让自

己的行动更有底气。在这里，我推荐教师阅读的书有怀特海的《教育的目的》、佐藤学的《静悄悄的革命——课堂改变，学校就会改变》、余文森的《有效教学十讲》，以及方明编的《陶行知教育名篇》等。

有文章指出，当下中小学教育科研课题成果存在四大不足，排在第一位的就是理论构建不足。由于中小学教育科研课题研究强调以实践为基本出发点并回归于教育实践的特点，以及研究团队理论素养积累不足等，中小学教师在提炼教育科研课题的理论成果时存在明显短板。如果中小学教师的理论素养高，那么对提炼成果应该是很有帮助的。教师有了一定的教育理论素养后，对很多教育上的问题，不仅知其然，而且知其所以然，让自己拥有专家视角。

（三）阅读教育研究指导方面的书，确保研究效率

教师想做好研究，也需要阅读一些教育研究方面的著作。教师不妨把这些书作为自己的案头书和工具书，可以随时翻看。

遗憾的是，主动阅读教育研究方面的著作的教师并不多。2022年，我们曾组织教师共读过《怎么做课题研究——给教师的40个教育科研建议》一书。从一些教师惊讶的反应来看，他们以前并不怎么看此类著作。

教育研究方面的著作非常丰富，各有特色，教师可以根据自己的需要，有针对性地选择几本作为自己的科研"后援团"。对于我本人而言，我也是在实践中一路摸索过来的。在阅读教育研究相关著作的过程中，我有时会发现，同样的问题，别人表述得更客观、更科学。于是，我就一边阅读，一边在实践中

改进，一步一步提升自己的科研素养。

通过阅读教育研究方面的著作，教师可以了解到课题研究的全流程以及各类研究方法，从而让自己的研究少走弯路。

有一年暑假，我们为了提高学校教科室负责人在指导课题研究方面的专业素养，组织他们共读了《教师微型课题研究指南（第二版）》一书。有一位教科室负责人反馈说，她读后很受启发，还发动全校更多教师读这本书。全校教师共读之后，对做研究有了进一步的认识，这在很大程度上解放了她。

二、教师专业阅读的注意事项

自 2006 年因工作需要走上教师阅读推广之路后，我有幸与"全民阅读"同行。10 多年来，我用研究的态度对待教师阅读推广工作，不仅有效推动了一所学校和一个区域的教师阅读，而且我对教师阅读也有了更深刻和更理性的认识。我认为教师专业阅读应该注意以下几点。

（一）选择适合自己的阅读内容和阅读方法

有些教师有时候不知道读什么书好，这个问题就是大家常说的著名的阅读三问（"为什么读""读什么""怎么读"）之一。

我曾看到这样一句话，大意是：没有任何科学依据能够证明，对于作者（伟人）来说有效的读书方法，同样也适用于大部分读者。我觉得这个说法很有道理，有助于我们打破阅读上的"名人崇拜"。很多名人所谈的阅读内容和阅读方法，未必有普适性。还有一点不容忽视，现在很多倡导阅读的教师都是语文教师，因而在阅读书目的推荐上难免会更加突出文学方面的书。

读书是非常个性化的，每个人都有自己的阅读基础、阅读兴趣、阅读目的，所以也有不同的阅读需求。每位教师都要学会为自己寻找适宜之书。读书如饮水，冷暖自知。就教师的阅读而言，我认为可以从三个层面来看：一是作为人的阅读，也就是说，作为有一定素养的现代人的阅读；二是作为教师，或者作为一个教育人的阅读；三是作为学科教师、班主任、学校管理人员等的阅读。我们通常所说的教师专业阅读一般是指第二个层面。

当阅读积累达到一定程度后，教师最好能够构建起个性化阅读体系。上海市教育考试院副院长、特级教师常生龙在《中国教育报·读书周刊》上发表过《构建自己的阅读体系》一文。在这篇文章中，他形象地用阅读"七巧板"的说法来形容自己的阅读体系，这七个具体的知识板块是：学科的本体知识、教育管理的知识、课程建设的知识、脑科学与学习心理的知识、资源整合的知识、教育哲学的知识、"五育并举"的知识。当然，他的这个阅读体系并不是固定不变的，而是会根据工作和学习的需要动态调整。

事实上，并不是每一位教师都能有自己的阅读体系。阅读体系是在长期的阅读实践中形成的。

当教师真的不知道读什么书好的时候，不妨从每年《中国教育报》评选的"教师喜爱的100本书"或者中国教育新闻网评选的"影响教师的100本书"中适当选一选，看看有没有感兴趣的书。

我本人也一直走在为自己寻找适宜之书的路上。我曾在2008年前后，恶补阅读了大量当时国内知名专家学者写的教育随笔类著作。此后，我一直留意《中国教育报·读书周刊》以及《中国教育报》和中国教育新闻网发布的年度书单，从中选择自己感兴趣的书阅读。

在有了大量教育专业阅读的基础上，现在我主要采用以下三种方式阅读：一是有些书随便翻翻，主要留意是否有新的观点或内容能对自己有所启发；二是有些书摆在案头，经常翻翻，作为自己日常的读物；三是啃读一些经典著作，随着自己的阅历变化，对经典作品有常读常新之感。此外，我还会根据具体需要进行主题性阅读，即对于某一个主题，翻阅大量同类著作，以加深认识。在阅读一些自己认为有价值的书时，我还会认真写点读书心得，仅在《中国教育报》上发表的就有10多篇。比如，我在阅读于永正老师的文集后就在上面发表了《做"学生喜欢"的"成长型"教师》一文。

（二）教师阅读不可率性而为

有些教师或许会感到疑惑，读书是随心所欲还是只读有用的书？毫无疑问，这两个极端都不可取。随心所欲的阅读不能形成专业、合理的阅读结构，对专业成长的帮助也不大。读以致用固然也是阅读的一个功能，但是，这个"有用"怎么界定？有些知识确实可以直接拿来用，有些则是滞后的。我们常说，无用之用为大用，也就是说，目前看来没用的东西到一定时候或许就会发挥大作用。就像我们阅读的一些教育理论著作一样，读了并不一定马上就能发挥作用。但教育理论的积累，对于今后自身更上一层楼或许会发挥不可替代的作用。

现在很多偏实操的教师图书很受好评，原因在于读者可以直接借鉴书中的一些做法或经验。对于年轻教师来说，读这一类书，在模仿中成长，未必不可。

前不久，我读了一本关于个人品牌建设的书，书中提到了三种类别的书，分别是提升技能的书、提升认知的书、提升修养的书。这个分类对教师的阅读也很有启发意义。比如，新教师不妨多阅读一些提升技能的书，随着教龄的增长，教师就要多读一些提升认知和提升修养的书。

我们要理性看待教师的阅读，要注意营养均衡，形成合理的阅读结构。我建议一线教师可以给自己制定一份阅读规划，并有效执行。

事实上，教师在阅读上普遍缺少规划。有人曾做过一项调查，结果显示：有详尽的读书计划，并且能严格坚持下来的教师仅占 16%；有详尽的读书计划，但坚持不下来的教师占 22%。那如何才能制定出具有可操作性且容易让人坚持到底的阅读规划呢？

我认为，想要制订出这样的阅读规划，需要注意的是，要在舒适区边缘发力，不要在舒适区内打转。合理的阅读规划要兼顾以下三个方面的内容：一是有一定的数量，二是有一定的阅读品质，三是有一定的阅读产出。

教师一年读多少本书比较合适呢？我觉得，教师先要在阅读量上有一种底线意识。据调查数据显示，2022 年我国成年国民人均纸质图书阅读量为 4.78 本，高于 2021 年的 4.76 本；人均电子书阅读量为 3.33 本，高于 2021 年的 3.30 本。对于教师而言，每年至少要读 5 本纸质书才不会拖全国人民的后腿。然而，教师阅读的现状却并不乐观。即便是 5 本书的阅读量，也不是每个教师都能达到。前些年，一个有影响力的教师阅读调查显示，每年阅读 5 本书以上的教师，还不到 40%。

教师如何设置阅读量上的"小目标"？不妨参照一下"跳一跳，摘桃子"的原则，在循序渐进的基础上确定个人目标。据中国新闻出版研究院公布的第十五次全国国民阅读调查数据显示，一成以上（10.2%）国民全年纸质图书阅读量超 10 本，5.4% 的国民全年电子书阅读量超 10 本。基于这个数据，大多数教师将自己在阅读量上的目标定在 5-10 本之间并付诸行动，应该不难。

教师想提高自己的阅读水平，就要读一些自己稍稍努力就能看得懂的书，这也是有品质阅读的一种体现。因为如果只读与自己认知水平差不多的书，那取得的进步就不会太明显。另外，读完书以后，可以写一写心得体会方面的文章，这样不仅能更好地促进阅读，提升阅读效果，还能在练笔中提高教育写作能力。

（三）重视养成专业阅读的习惯

教师要养成专业阅读的习惯，需要从价值认定、难度可控、时间约束、有效激励四个方面努力。

价值认定就是要充分认识到专业阅读对自身的意义。比如，《中小学教师培训课程指导标准（专业发展）》中提到，教师要"掌握专业阅读方法，根据自身专业发展需要选择阅读书籍，熟练运用读思结合、读写结合、读用结合等专业阅读方法，养成专业阅读习惯"。可见，专业阅读是教师发展的题中应有之义，也是促进自身专业发展的有效路径。

以宁波市镇海区开展的"每月啃读一本书，用心写就千字文"的"啃读挑战"活动为例，"啃读挑战"活动的参与者要提交具有亲笔签名的诚信承诺书，承诺及时完成每年 12 本书的"读写结合"任务，若有抄袭等学术不端行为则会被主办方内部通报并告知其所在单位的领导。在很多教师以工作忙碌为由远离阅读的当下，这样的要求的确有一定的挑战性。

由于这个活动是教师自主报名参与的，所以他们认为这样做是有价值的。全年完成 12 本书的阅读，每本书写 1000 字左右的心得体会，这样的写作要求并不高，只是有了时间约束。"啃读挑战"活动的 12 本书，分为共读书和自选书，其中，共读书基本上都是专业书。

有不少教师在年度小结中提到，有时想放弃，想到自己的那一纸承诺书，就咬咬牙坚持下来了。最后大家都感到很惊讶，全年该做的事情一件都没少，没想到还读了那么多书，有些甚至是自己原先看都不会看一眼的专业书。

有些教师在"啃读挑战"中加快了成长的步伐，把自己打造成为教师身边的阅读榜样，成为别人眼中的"啃读达人"。

"啃读挑战"活动，其实就是在教师自我觉醒或外在唤醒的基础上，通过外在监督和团队助力，并在身边榜样的引领下，帮助教师在专业阅读的路上越走越远。

让专业刊物
助力教育研究

在我的研究路上，专业刊物一直伴随着我前行。最初，我只是牵手学科专业性刊物，到后来学科专业性刊物和综合性教育类刊物齐头并进。在专业刊物的助力下，我的研究视野也逐渐开阔。我在做好研究的同时，也带动更多同行成为教育研究的受益者。

在中学工作期间，我还负责过多年的教师专业刊物的征订工作。我始终用研究的态度对待这项工作，因而写了不少相关经验的文章，发表在《中国教育报》《浙江教育报》《教育时报》等刊物上。

一、教师阅读专业刊物的好处

常生龙老师在《给教师的 5 把钥匙》一书中提到，他在回望职业生涯的时候，认为自己做得很有价值的一件事就是在从教之初订阅了所教学科的所有专业刊物。读到这部分内容时，我很有感触，并联想到余映潮和任勇这两位全国知名教育专家也都是借助专业刊物将教学和研究工作做得更好。于是，我写下了《专业刊物应成为教师标配》一文，后来发表在《浙江教育报》上。

那么，教师阅读专业刊物究竟有哪些好处呢？

专业刊物可以成为教师自主学习的信息源和自主成长的资源库，同时也为教师提供了发声的渠道。

教师通过阅读专业刊物，可以了解自己学科或者所在领域的最新动态，可以进一步更新自己的知识体系。通过了解业内优秀同行正在关注和思考的问题，教师可以更好地找准自己的研究方向和值得关注的研究点。

阅读专业刊物也是教师学习教育写作的有效途径。专业刊物上发出来的各类文章，就是教师写作的范本。不同的刊物有不同的用稿特点，教师如果想向某专业刊物投稿，就必须认真研读该刊物，如此一来，投稿的时候才能"有的放矢"。

教师通过阅读专业刊物还可以学习写论文，比如摘要怎么写、关键词怎么写，各类参考文献的标准格式是怎样的等。

对于今天的大多数教师而言，花几百块钱订阅专业刊物，这笔开销是不会对自己的生活造成太大的影响的。但如果连订阅的意识都没有，也就无法利用专业刊物促进专业发展了。

二、教师如何订阅专业刊物

我觉得在专业刊物的订阅上，应该坚持"统分结合"的做法。有些价格昂贵、理论性强、可读性不强的刊物，尽量由学校订阅，教师自身则订阅一些可读性强和适合自己阅读的刊物。比如，作为教育理论权威刊物，《教育研究》就并不适合中小学、幼儿园教师个人订阅。而学校订阅《教育研究》，就为教师做研究、写论文提供了必要的参考资料。

我曾在《中小学数学》杂志上的一篇编读互动文章中看到，该刊某编辑曾经给许多数学教师提过建议，希望他们能够每年自掏腰包订阅两三种专业期刊，并同时关注或翻阅七八种期刊（一般应由学校图书馆、资料室常年订阅）。若能这么做，坚持三五年，完全有可能成为出色的、有学问的教师。

上述所言的自费订阅"两三种"和学校订阅"七八种"，其实也只是一个大概的说法，旨在说明教师的专业刊物订阅要将自费订阅和学校订阅结合起来。

以刊物的专业性而言，一般可分为学科专业性刊物和综合性教育类刊物两类。

学科专业性刊物非常好理解，比如语文学科的《中学语文教学参考》《语文教学通讯》，数学学科的《中小学数学》《中学数学教学参考》等。如果一位教师从来都不关注本学科那些有影响力的专业刊物，那么他对本学科的最新发展动态以及教学研究的热点、难点自然是陌生的，这样的教师是很难成为真正的优秀教师的。遗憾的是，教师不阅读学科专业性刊物的现象并不少见。曾有一位语文名师去听两位教龄 10 年左右的语文教师的课，他想请这两位教师介绍一下他们正在读的语文教学方面的专业刊物，两人均答不上来，不禁让这位名师为之愕然。吴非老师也在一篇文章中提到过类似的例子。在某市对申报语文高级职称教师的考核中，有一道试题是让教师说出三种语文核心期刊的名称，结果有一半的教师连一种也答不出来。

综合性教育类刊物一般可以分为三种：一种是可读性较强的综合性教育类刊物，比如《教师博览》《师道》《人民教育》《今日教育》等；第二种是理论性强的综合性教育类刊物，比如《教育研究》《中国教育学刊》《课程·教材·教法》等；第三种是德育类的刊物，比如《中国德育》《中小学德育》《班主任之友》《中小学班主任》《班主任》等。

上述三种分类并不是严格按照逻辑意义区分的。比如，可读性较强的综合性教育类刊物和理论性强的综合性教育类刊物，两者之间并没有严格的区分标准，可以根据刊物的特点和个人的需求进行区分；而德育类的刊物，与前面两类刊物相比，性质是差不多的，只是重点突出了德育，为便于说明，单独分成一类。

从教师自费订阅教育刊物以及日常阅读的情况来看，教师个人应该把学科专业性刊物和可读性较强的综合性教育类刊物以及德育类的刊物纳入订阅范畴。教师可以根据自己实际订阅刊物的数量统筹安排，比如，至少订阅一份学科专业性刊物，订阅一份可读性较强的综合性教育类刊物，如果是担任班主任或者准备担任班主任的教师，不妨也订阅一份德育类的刊物。

就我了解到的情况来看，很多教师最初只订学科专业性刊物，后来在学校的引领下，逐步养成了学科专业性刊物和综合性教育类刊物同时订阅的习惯。统计各种综合性教育类刊物的订阅情况时，我发现《教师博览》是最受欢迎的，这也在很大程度上说明了《教师博览》是非常适合教师自费订阅的综合性教育类刊物。当然，教师如果想做研究或提高自己的教育理论素养，平时关注一下《教育研究》《中国教育学刊》《上海教育科研》等权威理论刊物，找感兴趣的文章读一读，对自身的专业成长也是非常有好处的。但愿每一位教师都能找到最适合自己的那"两三种"和"七八种"专业期刊，认真阅读、思考几年，变得更优秀真的不是梦。

三、教师该如何阅读专业刊物

教师每年自掏腰包订阅两三种专业刊物，这只是开端。要想更好地发挥专业刊物的作用，教师还需要花很多的时间和精力好好研读。

这些年，我就是通过阅读《教师博览》《中小学管理》《人民教育》《今日教育》《上海教育科研》等众多专业刊物，逐步提高了自己的教育写作能力和教育科研水平，走在可持续成长的道路上。

在具体的阅读方式上，我觉得以下三种方式值得关注。

一是先看目录，通过阅读目录，看看这一期刊物里面究竟有几篇是自己感兴趣的。对于感兴趣或正在关注的内容，则要抽出时间好好研读。对于兴趣不大的内容，则可以快速翻阅，翻阅的过程中，如果觉得这些内容对自己有价值，再重点阅读。

二是开展主题性阅读。如果教师有自己感兴趣或者正在研究的主题，就可以把看到的资料通过复印、拍照、扫描等多种方式放在一起，建立文件夹，开展主题性阅读。我建议，教师在开展主题性阅读的时候最好去学校的阅览室，尽可能地浏览更多的相关刊物，寻找与自己主题性阅读相关的内容。

三是多写批注，多做摘录。读到引人深思或者存有疑惑的地方，不妨动手圈画写写批注，将自己的思考融入相关文章的阅读中去，这样才能真正读懂，才是深层次的阅读。随意读一遍，得到的收获非常有限。如果教师养成了时常摘录的习惯，那么摘录出来的精彩内容就会成为日后教育写作的丰富素材。

关注和理解
教育热点

2022 年 8 月 16 日，我在《光明日报·教育周刊》上看到整版关于"学习困难"的文章后，就及时把它下载下来纳入自己的科研资料库了。"学习困难"正是目前的一个教育热点话题。从 2022 年 7 月起，很多媒体对医院开设"学习困难"门诊的做法进行了报道，也有不少人撰写了相关的评论。相比较而言，《光明日报·教育周刊》上的解读更加权威、客观，可以让我们有更深刻的认识。像这样关注教育热点的方式，我已经坚持了很多年，并受益匪浅。

一、教师应该关注教育热点

我一直认为，教师应该成为教育热点的关注者。教师关注教育热点并用专业的视角去理解，不仅可以更好地引导学生，也可以更好地指导家长。教师如果在关注某个教育热点的同时，进一步查找资料思考，还能写出有深度的文章。

我对教育热点的关注，也与宁波市中小学德育研究会曾开展过多年的"德育热点大家谈"征文比赛有关。2006年，宁波市首届"德育热点问题大家谈"征文比赛的主题是"德育在应试教育面前不应无能为力"。看到征文比赛通知时，我想到了时任校长毛志挺大力倡导"德育促教学"，并开展了丰富多彩的德育活动，实现了"德育为本"和"教学优质"的双赢。将学校的相关做法总结提炼后写成的文章，就特别符合本次征文比赛的要求。于是，我就找毛校长商量了一下，毛校长就这个话题进一步谈了他的看法。结合毛校长的观点与我专门查找的相关资料，我写了一篇投稿文章《为学生的全面发展提供精神动力——德育在应试教育面前大有用武之地》。因为这篇文章的核心观点是毛校长提出来的，所以就按两人合作的方式参赛。后来，获奖结果公布时，我惊讶地发现这篇文章获得本次比赛唯一的一等奖。德育热点问题，往往也是教育热点问题。这次征文比赛获奖，让我进一步关注教育热点，并在关注教育热点的过程中更好地理解了教育。

2008年，宁波市中小学德育研究会开展以"让德育远离形式和功利"为主题的第三届"德育热点大家谈"征文比赛。我认真分析"感恩式洗脚""五项精神竞争异化""社会实践形式主义"等现象，并结合所在学校在德育工作上的实践和探索进行具体分析，写成了《莫让浮云遮望眼——远离形式和功利的德育更有生命力》一文，再一次取得了一等奖的好成绩。

这篇文章能获得一等奖，跟我平时关注教育热点是分不开的。因为我经常在各类媒体上看到"感恩式洗脚"的报道，对这样的现象也很反感，认为这是追求形式的德育活动。看到北师大檀传宝教授倡导的教师德育专业化的观点后，我对此十分认同。我一直都很关注这类问题，后来还在《教师博览》上发表了《"演出式"德育盛行呼唤教师德育专业化》一文。

宁波市"德育热点大家谈"征文比赛，我先后一共参加了10多次，总共获得了8次一等奖。参加这些征文比赛，让我对相关教育热点有了更多的关注和思考，也让我对教育有了更深刻的理解。

二、教师应该关注哪些教育热点

教育热点有宏观与微观之分，对于教师而言，宏观的热点和微观的热点都应有所了解。对一些宏观教育热点的关注，可以让教师对教育事业的整体发展有更清晰的认识，能更好地规划自己的职业发展。对一些微观教育热点的关注，可以让教师把相关资源引入日常的教育教学中，在做好本职工作的同时，还能借由相关热点的探讨开展深入研究。

比如，2022年9月，人力资源社会保障部、教育部印发的《关于进一步完善中小学岗位设置管理的指导意见》出台后，包括《中国青年报》在内的多家媒体对此都进行了解读。这就属于一个宏观的热点。那么，中小学教师"职称新政"突破了什么？这是一个关系到中小学教师切身利益的规定，处于成长期的青年教师关注后，可以更好地为自己绘制成长路线图。

又如,《中国德育》杂志2022年第1期刊发了一篇名为《2021年中国教育热点述评》的文章。作者利用中国教育科学研究院教育网络舆情监测系统,对国内20万个网站采集点、5000万个微博、200万个微信公众号、800个资讯App等社交网站的1000万余条数据进行了监测、收集和汇总,分析总结出2021年十大教育热点,分别是"落实'双减'掷地有声""校外培训机构治理走向深化""高校思想政治工作高质量发展""促进民办教育健康发展""新时代教师队伍建设改革提振士气""重大主题教育进课程教材培根铸魂""全面推进依法治教成效显著""职业教育高质量发展擘画新蓝图""家庭教育由'家事'变'国事'""个性化兴趣培养引关注"。

在这些教育热点中,有些热点与中小学教师没有直接的联系,但有些热点可以为中小学教师的教育研究提供思路。比如说,在"家庭教育由'家事'变'国事'"的情况下,如何通过研究更好地提升家校共育的成效?又如,在"个性化兴趣培养引关注"的当下,教师可以为培养学生的个性多做些什么?

分析了2021年十大教育热点之后,作者还对第二年的教育舆情热点进行了预测性分析。其中,"中小学生心理健康问题值得持续关注"这个问题也值得广大中小学教师关注,因为每一位教师都要扮演好学生心理健康促进者的角色。做好心理健康教育工作,防火比救火更重要。

2022年暑假期间,不少媒体对现在的孩子盲目集卡的行为进行了报道。北京一家长斥资200万元,仍未给娃集齐奥特曼卡,让人难以置信。奥特曼卡片俨然成了小学生的"社交货币"。对于这样的现象，教师不妨多问几个问题：这样的现象，在自己的学生身上存在吗？如果自己的学生也有这样的问题，该如何正确引导呢？在破解这样的问题上，教师该怎样和家长携起手来呢？教师关注这样的问题，了解这样的问题，才能和学生有共同的话题，才能更好地引导学生看待集卡行为的本质。

三、教师关注教育热点的途径

在今天这样一个信息爆炸的移动互联网时代，每一位教师每天都被各种信息包围着。当然，我们要有选择性地关注教育热点，而不要被动地等待媒体的"投喂"，陷入"信息茧房"。

教师可以通过以下几种途径关注教育热点。

（一）留意微信公众号、朋友圈、工作群

现在的政府部门和新闻媒体一般都有自己的微信公众号，在上面推送一些最新的信息。因此，关注相关的微信公众号，就可以第一时间了解相关的教育热点。另外，很多人看到感兴趣的微信公众号文章后，也会转发到朋友圈，这样我们就可以通过朋友圈了解到一些教育热点。教师所在的单位一般都有工作群，工作群内有时可能也会有人分享一些教育热点。

（二）关注重要节点时的媒体报道

每年的全国两会期间，相关媒体都会对教育热点进行报道。从人大代表、政协委员们关注的焦点中，我们也能察觉到教育热点的所在。如2022年的全国两会，围绕"双减"、教育数字化、职业教育、终身教育等热点问题，人大代表、政协委员们纷纷建言献策。其他的重要节点，如世界读书日、心理健康日、教师节等，都会有很多相关的新闻报道。

（三）注意相关智库或媒体的梳理

长江教育研究院、华中师范大学国家教育治理研究院自2016年起，每年年初都会对当年教育发展与改革形势作前瞻性分析，梳理出"年度十大教育热点前瞻"。《中国德育》杂志近年来每年都会对上一年度的教育热点进行述评。《人民教育》杂志也会不定期刊登教学改革热点问题透视系列文章。

如果看到感兴趣的教育热点方面的文章，教师不妨及时纳入自己的科研资料库中，并进行梳理，为自己今后的学习和研究提供支撑。

对于那些自媒体上来源不明的教育热点文章，教师要保持警惕，不要轻信这样的文章，更不要转发，以免无意中成为谣言的传播者。

注重研究资料
的收集和积累

中小学教师做研究，虽然以行动研究为主，但也绝不能坐井观天，闭门造车。在他人已有研究的基础上开展研究，这样可以进一步明确研究方向，提升研究的效果。

有专家认为，中小学教师在做研究的过程中不善于借助文献资料，有些教师甚至连文献资料研究的意识都没有，其中的弊端是显而易见的，主要表现为理论性偏弱、重复性偏多、创新性偏少等。如何借力文献资料为我们的教育研究服务，提高教育研究水平，是值得我们关注的。

如果把做研究看成修房子的话，那收集的资料就是为修房子拖回来的一砖一瓦。房子修成什么样，与收集的资料有莫大的关系。以前有些学者做研究，就是在自己长期积累资料的基础上进行的。中小学教师想要做好研究，也要有积累资料的意识。因此，掌握一些常用的资料收集方法是非常必要的。

一、报纸电子版

一般而言，很多教师手头上不一定会有纸质的报刊资料。不过，现在权威主流的报纸都有电子版，并且上线也比较及时。比如，《中国教育报》，一般每天9点半以前，电子版就上线了。《中国教育报》除了新闻外，还有各类专刊和版面，如课程周刊、读书周刊、校长周刊、学前教育周刊，好老师版面等。这些专刊和版面会刊登不少有参考价值的文章。对于教师而言，这些文章就是很好的研究参考资料，教师可以及时把相关内容下载下来。此外，各省份基本都有自己的教育报，如《广东教育》《湖北教育》《广西教育》《吉林教育》等，里面有不少值得大家关注的内容。

另外，《人民日报》《光明日报》《新华每日电讯》《中国青年报》中也会有不少精彩的内容，这些都是教师做研究非常好的参考资料。

每天抽几分钟时间浏览一下《人民日报》《光明日报》《新华每日电讯》《中国青年报》《中国教育报》的电子版，看到感兴趣的内容就及时下载下来，有的作为资料保存，有的另抽时间细细品读。这样的习惯，我已经坚持近10年了。

比如，我在《光明日报·教育周刊》上看到《"双减"背景下，中小学教师如何以研促教》和《提升中小学教师科研素养要打好"组合拳"》这两篇文章后，就立马下载下来存到印象笔记上了。

《光明日报》《新华每日电讯》《人民日报》《中国青年报》的电子版都是可以随时浏览和下载的。其中，《中国教育报》可以浏览和下载当年的电子版，《新华每日电讯》《人民日报》《中国教育报》还可以下载相关版面的 PDF 文件。

　　2013 年 3 月，《光明日报》上关于两会的整版报道《全民阅读：我们期待的国家战略》带给我不少震撼。我心想，全民阅读，居然可以上升到国家战略的高度。此后不久，我又在《光明日报》上看到了朱永新教授以全民阅读代言人身份写的《全民阅读应成为国家战略》一文。这两篇关于全民阅读的重磅文章，引发了我对教师阅读的思考。我认识到，教师的职业性质决定了教师理应成为全民阅读的先行者，阅读应成为教师的文化自觉。带着这样的思考，我梳理了自己近几年的阅读推广实践，并于 2014 年在宁波出版社出版了《教师阅读力》一书。《教师应成为全民阅读的"先行者"》是这本书中的一篇文章。2015 年，《浙江教育报》用了同样的标题，做了一期有关教师阅读的报道，也提到了我和我所在学校的做法。因为这篇报道，我还以全民阅读推广人的身份获评 2015 年浙江教育十大年度影响力人物。如果没有关注《光明日报》电子版的习惯，我也不会留意到那两篇影响我的文章，更不会借着全民阅读的东风写出《教师阅读力》一书。

　　从相关报纸中下载的内容可以作为引用资料，或用于课堂教学，或用于学术交流，帮助我们将观点呈现得更加直观且有力。比如，在开展读书讲座的时候，我把《新华每日电讯》上的《经典名著为何成"治疗失眠利器"》作为配图，来说明浅阅读时代阅读所面临的挑战，就很有震撼力。

在报纸的电子版面前，每一位教师都处于同一起跑线上。

二、期刊及期刊网

对于做研究的教师而言，每一位教师手头都要订阅几份教育专业刊物，并且还要兼具本学科的专业性刊物和综合性教育类刊物。这样一来，教师在阅读这些刊物的时候就可以通过摘录、扫描、拍照等形式把有感触的内容留存下来。除了阅读自己订阅的教育专业刊物，教师还可以有意识地定期关注一下学校阅览室订阅的专业刊物，从中积累自己感兴趣的资料。

原先在中学工作时，我经常跑到阅览室去，把最新的刊物浏览一下，如碰到感兴趣的内容，就复印下来。2014年，我无意中在《上海教育科研》上读到一篇文章《上海市中学班主任阅读现状的调查研究》，这是当时我看到的关于班主任阅读情况的最权威的调查。认真阅读这篇调查报告后，我对班主任的阅读情况有了客观埋性的认识。而且，我国中小学并没有专门的班主任，班主任首先是学科教师，因此这篇文章对其他教师的阅读也有参考价值。这篇调查报告中所担忧的班主任专业阅读不理想、阅读品质不高等问题，引起了我对教师专业阅读的进一步思考。此后，我还发表了《教师阅读应有"专业味"》等文章。

当然，和学校阅览室订阅的刊物比起来，期刊网中的文献资源更丰富。教师要学会熟练使用中国知网、维普资讯、万方数据等期刊网，为自己查找资料打下良好的基础。在这些期刊网中，中国知网的功能最为强劲，除收录期刊发表的文章外，还收录了主要报纸上发表的文章以及高校的硕博士学位论文。

期刊网主要有两种资料检索的方法，以中国知网为例，一是根据需要（如主题、关键词、篇名、作者等）进行筛选检索；二是定期关注某些刊物，看最新刊发了什么文章。

有一点，教师必须引起重视，即大家对常见的综合性教育类刊物和本学科的专业性刊物要有所了解。被中国知网收录的期刊并不一定都是品质有保证的，有的只是近乎随便汇编的类似于论文集的刊物，属于出钱就能发的，发表在这种刊物上的文章自然没多少参考价值。尽管现在有研究者呼吁"以刊论文"并不合理，也就是说，不能机械地用刊物的级别判断论文的价值，但教师在选择参考文献的时候，还是要考虑它从哪里来，绝不能被看起来很美而实际上品质差的文献糊弄了。因此，教师对常见的教育刊物要有所了解，这样才能让自己具有敏锐的鉴别力，选到合适的参考文章。

三、各类著作

各类著作也是教师收集研究资料的重要来源之一。教师在阅读著作的过程中看到感兴趣的内容，就可以有意识地收集起来。

教师如何从阅读著作中收集资料呢？主要有两种方式。一种是按图索骥式的主题性阅读。教师在阅读著作之前就有明确的目的，因而读到相关的内容，就能直截了当地摘录、积累下来。另一种就是水涨船高式的随意阅读。作为日常阅读的一种方式，处在这种阅读状态下的教师，原先并没有特意要积累什么的意识，而是在阅读中无意发现有用的资料，随即收集起来。

收集资料并不是一蹴而就的，教师很难在一本书中集齐需要的所有资料。因此，教师经常会在看一本书的过程中发现一些线索，转而找到下一本需要阅读的书，也就是阅读的延伸。读着读着，慢慢就发现了让自己豁然开朗的东西，或者是值得研究的问题。

教师读的著作从哪里来呢？买书是其中一种渠道。目前，县级新华书店很少有教育专业方面的著作。除了专业的教育书店以外，区市级以上的新华书店或者书城一般也有专柜放一些教育专业方面的著作，教师可以在逛相关书店的同时，阅读相关著作。如果看到感兴趣的内容，或许还会激发自己购买相关著作的欲望。宁波书城有教育专业方面的著作，我有空时会去逛逛，偶尔也会买到自己喜欢的书，为自己的研究积累一些资料。

随着电子商务的逐步推进以及快递行业的快速发展，网络购书自然成了教师买书最便捷的方式。网络购书不仅成本低（折扣低于本地书店），还能送货上门，确实非常方便。当然，除了在网上购书，教师还可以通过当地的图书馆借阅相关著作。现在，有些城市的公共图书馆已经开通了网上借书的业务，读者不必到图书馆就能完成借书和还书的手续。

整体而言，目前教育专业方面的著作，除了一些经典的著作，很少有免费的电子书可以阅读。有些新出版的教育类著作，虽然有电子书可以购买，但也不便宜。因此，教师主要还是通过阅读纸质著作来收集和积累研究资料。

至于如何判断一本书是好书还是不好的书，也没有统一的标准。因为不同的读者有不同的需求，所以不同的读者对同一本书的评价会相差甚远。这一点，我深有感触。我自己出版的著作，有一些人对它的评价非常高，但也有一些人对它的评价很低。

我个人觉得，整体上辨别一本书的好坏，可以从这几个方面考虑。一是看作者署名的方式，是著、编著、还是主编；二是看作者，作者是否是某个领域的专家或者对某个领域有深入的研究；三是看出版社，出版社在业内是否有影响力，目前有全国百佳出版社，也就是全国一级出版社，可供参考；四是看书的主题，是聚焦某个专题，还是作者的文章汇编；五是看书的目录，从书的目录中大体可以看出这本书的内容。

上述提到的几个辨别因素，教师要结合自己的需要综合考虑。一般而言，署名方式为著的，是专著，是作者的原创；署名方式为主编的，则是把相关的内容汇编起来；署名方式为编著的，则是在编的基础上又加上了作者自身的一些评点和阐述。我个人买书的时候，一般是首选署名方式为著的，当然也不排除会买一些围绕某类主题主编的书。编著或主编的书中也不乏好书，这个要视具体情况来定。

此外，判定一本书受欢迎的程度，还可以参考一下购书网站上的图书畅销榜。比如《教育的情调》《大概念教学——素养导向的单元整体设计》《给教师的建议》《核心素养导向的课堂教学》等书，有的是已经畅销多年，有的是一出来就登上了畅销榜。

四、专业网站

教师可以通过专业网站，比如中国教育科学研究院、人民教育出版社、教育部课程教材研究所、中国教育新闻网、国家教育资源公共服务平台、国家智慧教育公共服务平台等，去查找并收集相关的资料。

比如，国家智慧教育公共服务平台是教育部主办的集学生学习、教师教学、学校治理、教育创新等功能于一体的综合服务平台。国家教育资源公共服务平台也是由教育部主办的，将国内教育优势地区的名校、名师资源集中起来，"逐步推动区域教育资源平台和企业资源服务平台的互联互通，共同服务于各级各类教育，为资源提供者和资源使用者搭建起网络交流、共享和应用环境"，平台链接的"一师一优课 一课一名师"，非常便于教师备课，提升教学能力。这两大国家级平台采用实名注册的方式，为中小学教师提供免费的服务。

此外，还有教研网、99教师网、第一课件网、21世纪网等网站，教师可以根据自己的实际需要，适当关注。教研网是首个服务全国教研工作和广大中小学教师专业发展的公益性专业网络平台，该网站收录了很多名师名课资源以及精品微课资源等。第一课件网，大家可以从上面免费下载课件，而且课件是不断更新的。

一般而言，教师在相关网站上下载资源之前都需要注册。尽管有些网站声称是免费的，但可能也会有一定的约束，比如有些优质内容需要收费。我认为，教师应该树立起为自己的成长买单的意识，有时候支付小额的费用，就可以更便捷地下载资料，省下最宝贵的时间。

五、微信公众号

尽管很多人抱怨微信闲聊以及刷朋友圈浪费了大把的时间，但其实微信只是一个工具。从微信公众号上的文章中，教师也可以收集到一些参考资料。

一是各级教育行政部门的微信公众号推送的一些教育政策信息值得关注。二是不少教育专业刊物会在微信公众号上推送最新刊发的文章，比如《中国教师》《教学与管理》《中小学管理》等。2022年4月，《中国教师》杂志策划了一期阅读与教师专业发展的专题，我很想读一读这些文章。由于中国知网还没有收录当期刊物，而《中国教师》的微信公众号每天都会推送一篇这个专题的文章，所以我就先读为快并把这些文章保存起来作为自己的参考资料了。

当然，对于教师做研究来说，收集资料的方法远不止这些。上述提到的这些，我自己一直在用，也确确实实助力了我的工作、研究和讲学。

建设和管理好
"云"科研资料库

不知道大家有没有看到过这样的现象：当一位教师需要写文章的时候，他才开始在网上搜索资料，而且一般还是用的普通网站；当学校通知教师提交已经发表的论文电子稿或获奖证书的复印件时，有些教师找来找去还是找不到。

事实上，匆匆忙忙在网上搜索资料，写出来的论文往往都是不尽如人意的。在有限的时间内能检索到的资料也是有限的，这样无益于写出高质量的论文。有些教师找遍电脑中所有文件夹或者翻箱倒柜，虽然最后也能找到需要提交的论文电子稿或证书复印件，但是这样浪费了太多的时间；如果找不到，那就更加遗憾了。

于我而言，即便我身在外地，如果单位需要我提供一张获奖证书或一篇发表过的文章，我随时都可以从手机里调出来。

如果我想写一篇文章，那我的电脑里就有不少相关的参考资料；即使用的是别人的电脑，我也能顺利地用上这些参考资料，因为我的这些资料是保存在"云"端的。

在当下这个"云"时代，教师在做研究时也要有"兵马未动，粮草先行"的意识。为自己建立"云"科研资料库是务实之举。从2014年起，我便初步探索建立"云"科研资料库，而且目前这个"云"科研资料库也一直在完善之中。我觉得建好"云"科研资料库对于教师做研究而言，有三种价值：一是方便积累科研资料；二是方便使用科研资料；三是方便管理科研成果。

一线教师如何建立自己的"云"科研资料库，并实现上述三种价值呢？不妨试试以下几点。

一、选好建立"云"科研资料库的工具

这个工具要能多端协同，即电脑端、平板端和手机端同步，另外还要便于保存资料。在多年的实践中，我建立了以印象笔记为主体，坚果云为辅助的"云"科研资料库。

印象笔记是云笔记中的一种，我是从2014年开始使用的，在使用的过程中，逐步感受到它是移动知识管理的好工具。后来，我发现很多知识管理达人，比如万维钢、彭小六也把印象笔记作为自己管理知识的工具。另外，我也曾买过《移动互联时代的办公效率是这么提升的——高效能人士的软件应用之道》一书，在这本书中，作者把印象笔记视为高效能人士离不开的工作整理软件。

印象笔记分为笔记、笔记本、笔记本组这样的三级系统，

笔记相当于一个具体的文档，笔记本相当于一个文件夹，笔记本组则相当于文件夹的文件夹。印象笔记，这几年一直在发展中，其功能也在不断完善。教师如果仅仅是想建立"云"科研资料库的话，那也未必需要用到一些新的功能。就目前的情况来看，印象笔记总共可以建立250个笔记本，10万条笔记，可以用10万条标签。至于建立多少个笔记本组，则根据个人的需要和相关的内容来决定。目前，印象笔记还开通了资料库，可以临时存放各类格式的文件。

在印象笔记的每一条笔记里，既可以保存文字，也可以把图片、Word文档、PDF等作为附件放在一起。文字可以直接复制到印象笔记上，这样使用起来就非常方便了。比如，当我在《光明日报》上看到某个感兴趣的材料时，我就可以直接把文字复制到电脑端的印象笔记上为自己所用。只要点一下"同步"，我的手机端和平板端就可以阅读这个材料了。

二、做好"云"科研资料库的管理

1. 创建合适的目录

特别值得一提的是，印象笔记中的每一条笔记都有自己独有的链接，而在某条笔记中，可以放上另外一条笔记的链接，点击就可以进入。如果将某一条笔记作为目录页，再把需要的笔记的链接放在上面，就可以让自己拥有四通八达的笔记网络。

比如，我可以把某一条笔记作为教育专业阅读的目录，其他相关的笔记都可以链接到这个目录上，而且这个目录同时也可以链接到更上层的总目录上。于是，我就可以通过总目录，进入教育专业阅读目录，然后根据需要找到自己想看的材料。

也正是因为印象笔记有这个功能，所以用印象笔记管理自己的科研成果就非常方便。比如，我可以在其中一条印象笔记中，放上我在某杂志上发表过的某篇文章的文字，以及作为附件的 Word 文档、期刊网下载的 PDF 格式文档、收到的稿费凭证等。如果是获奖的文章，那就可以放上文字，以及作为附件的 Word 文档和获奖证书的照片。此外，我还可以建立一条发表或获奖文章的目录，通过这条目录，可以随时查到相关的科研成果。等有新的成果时，还可以随时添加。这样一来，当学校需要我提交相关成果证明的时候，我就可以在很短的时间内高效完成。

2. 更新或保存资料

微信公众号上的文章也可以一键保存到印象笔记上，只要微信关注"我的印象笔记"就可以实现这个功能。同时，电脑端的印象笔记上也能看到这篇文章。即便微信公众号上的文章被删除了，已经保存到印象笔记上的材料也不会发生什么变化。比如，我在一些教育刊物的微信公众号上看到了感兴趣的文章，就可以一键保存到印象笔记上，把它纳入自己的"云"科研资料库。需要注意的是，微信文章不能直接作为资料使用，因为考虑到读者的阅读体验，微信文章中会配上很多精美的图片，这些图片不仅显得多余，而且占用空间，所以需要处理。印象笔记上有直接把不需要的内容处理掉的功能。这样，我们就可以把微信上的"一次性"阅读变为个人研究的"长久性"资料，使微信成为助推教育研究的有效工具。

用印象笔记管理科研资料，最方便的就是文字资料的使用。所有的文字资料，无论是在电脑端、手机端，还是平板端，修改都比较方便。不过，在大的附件如 PPT 的操作上，使用印象笔记并不方便。这时，我会选用坚果云作为"云"科研资料库的辅助。

考虑到手机和平板的内存容量，我只在电脑端安装使用坚果云，没在手机端和平板端安装。由于印象笔记具有超链接功能，所以我在印象笔记上点击坚果云的链接，就可以进入"云"端的坚果云，阅读上面的一些文档。目前，我把从期刊网上下载的 PDF 格式的文章主要放在坚果云上，再通过平板上印象笔记的链接点进去就可以直接阅读了。因为 PDF 格式的文档占用内存比较大，要是直接存在印象笔记的具体文件中，用起来也不是很方便。

3. 定期整理

为了便于查找和使用，教师需要定期整理、合理归类"云"科研资料库中的内容。尽管印象笔记中有笔记本组、笔记本、笔记不同的层级，但随着笔记数量的增多，仅仅靠这样的分类，依然会显得杂乱无序。等真正查找所需要的内容时，可能会耗费很多时间。因此，在新增笔记时，除了归入相应的笔记本，最好还能在笔记上加上相应的标签。印象笔记上总共有 10 万条标签可用，通过标签可以快速检索到相关的资料。

三、及时调用"云"科研资料库

建"云"科研资料库，当然不是为了炫耀自己保存的资料之多，而是为了让其更好地助力自己的研究，促进自己的成长。可以这么说，建立"云"科研资料库，建只是基础，用才是关键。否则，网上资源那么多，何必自己苦苦建呢。

教师可以定期回顾自己的笔记，加强教育科研知识管理，以便更好地形成自己的知识体系，把碎片化的知识系统化。

由于教师的工作很琐碎，所以教师平时看到一些感兴趣的资料后，并不一定有时间认真阅读。把相关的资料保存到印象笔记之后，教师有空的时候就可以好好读一下，并进行必要梳理。我在梳理、回顾印象笔记的相关资料时，如果发现自己对某个问题感兴趣，就会从这个问题出发，从中找到自己的一个研究点。而且，在这些保存下来的海量资料中，一定也会有一些资料给我们的教育教学工作带来启发。

"云"科研资料库是个性化的，属于自己的私人订制。我们要建用结合，充分利用好它的价值，让它真正发挥出其"后勤保障"的作用，为科研提供源源不断的滋养。

掌握一线教师
常用的研究方法

一线教师做研究虽然比不上教育研究员那样系统、专业，但也不能率性而为。只有掌握科学的研究方法，才能使自己的研究具有科学性，才能提高研究的质量，走正研究的路子。关于教育领域的研究方法，已经出版了不少专门的著作，都讲得非常详细。某一种具体的研究方法，也不是三言两语能阐述清楚的。在这里，我想就一线教师常用的研究方法进行简要说明，便于刚刚步入研究状态的教师形成初步的认识。

先说说行动研究法。在很多课题申报表的研究方法一栏中，经常出现"行动研究法"。在开展研究时，很多教师会选择把行动研究作为主要的研究方式。对于"行动研究"究竟是一种研究方法还是研究方式，前些年大家也都不太在意。

在以往的一些教科研著作中，的确有把行动研究作为一种研究方法来介绍的。比如，兰保民著的《教师科研能力的养成》一书中就是把行动研究法、调查研究法、个案研究法放在一起介绍的。在上海市特级教师黄建初编著的《走向实证——给教师的教科研建议》一书中，有一篇题为《行动研究是一种研究方法还是研究方式》的文章。作者认为：行动研究是教师做研究的主要方式，但不是一种具体的方法；学界对行动研究的认识也是在不断变化和深化的，将行动研究理解为一种研究方式更符合客观现实。行动研究需要得到观察、问卷、访谈甚至是实验的支持，数种方法配合使用，更符合研究的实践和规范。

读完这篇文章后，我又特意查阅了北师大赵希斌博士2021年出版的《好懂好用的教育研究方法——教师科研指南》一书。我发现在这本书中，没有提及行动研究法，而是将行动研究、个案研究和临床法放在一起作为三种研究模式来介绍。

宁波市奉化区教科所吴伟强在《基于问题的视角——教师如何做课题研究》一书中指出，行动研究只是一种进行研究的工作方式，而非一种方法；因为行动研究是实际工作的人员在实际的环境中进行研究，并将研究结果在同一个情境中应用；至于研究的设计与实施，仍要采用其他研究方法进行。

可见，行动研究是一线教师开展研究常用的方式，但究竟是否是研究方法，目前没有定论。因此，教师在使用的时候不妨说：采用行动研究的方式进行，并采用其他相关的研究方法。

教育观察法、调查研究法、案例研究法和教育叙事法，这些研究方法是一线教师经常使用的。虽然这几种研究方法很实用，但要真正掌握、真正用好，还是要去读一下相关的专著，一线教师甚至可以把这类著作当作自己的案头书或者工具书，方便随时查阅。"纸上得来终觉浅"，教育研究的方法是在多次教育研究实践中学会和掌握的。

一、教育观察法

教育观察法，是指研究者凭借自身的感觉器官和其他辅助工具，在教育活动的自然状态下，对研究对象进行的有目的、有计划的考察与研究的方法。现在比较流行的课堂观察就是教育观察法在实践中的运用。课堂观察一般是团体性的活动，每位教师都有自己的观察点，在进行课堂观察的时候，还要及时做好观察记录。

课堂观察法主要包含三个阶段。第一个阶段是观察前的准备，即明确本次课堂观察的目的和观察点，并事先开发好观察工具（记录表）。第二个阶段是课堂听课，即记录学生的学习状态和教师的教学状态。第三个阶段是评课和改进，即评价课堂教学行为和效果，提出改进建议。一般而言，课堂观察结束后，研究者需对整个观察流程的资料进行整理，最终写成课堂观察报告。与一般的听评课相比，每位听课教师都有明确的分工，他们需要及时记录相关内容，并进行有针对性的评课。在课堂观察中高度投入的教师，是积极主动的研究者。

一线教师本来就身处课堂之中，因而在使用教育观察法上有着天然的优势。尽管如此，想要真正用好教育观察法也需要投入很多的精力。

在运用教育观察法的时候，有一点必须引起重视，即这种方法要求观察对象处于完全自然的状态，不能对观察对象有任何干扰和控制，以确保得到的是最真实的情况。

二、调查研究法

调查研究法，主要指通过设计调查问卷和访谈提纲，获得研究所需的第一手资料。调查研究法主要包括准备阶段、实施阶段和总结阶段。调查研究法的适用范围很广。一线教师运用得较多的是访谈调查法和问卷调查法。调查之后，可以写成相应的调查报告，这既是一种独立的研究成果，也是某项研究中的系列成果。

访谈调查法是指研究者通过与研究对象进行面对面交谈，以口头问答的形式获得调查资料的一种方法。教师每天都在与学生打交道，因而在运用访谈调查法上也有得天独厚的优势。访谈调查法的最大特点在于，因为访谈者与被访谈者是面对面直接沟通的，所以访谈者可以直接观察被访谈者的非言语行为和回答问题的态度，获得相对客观的资料。

访谈调查法包括集体访谈和个别访谈，其基本步骤包括拟订访谈方案、约见访谈对象、实施访谈计划、告别访谈对象。

比如，教师拟对学生使用手机的情况开展调查，那么教师既可以通过集体访谈的方式，邀请有代表性的学生参加，了解学生使用手机的整体情况，也可以对某些学生进行个别访谈，进一步了解学生使用手机的具体情况。无论是集体访谈还是个别访谈，教师都要提前准备好访谈提纲，让调查结果更可靠。

问卷调查法是指研究者通过事先设计好的问题来获取有关信息或资料的一种方法。问卷调查法是教育调查研究中最基本的研究方法。岳亮萍在《中小学教师怎样进行课题研究(三)——教育科研方法之教育调查研究法》一文中指出，问卷调查的形式主要有三种：一是结构问卷，"不仅要提出问题，而且提供可选择的答案，只允许被试根据自己的情况，在问卷所限制的范围内进行挑选"；二是开放式问卷，"只提出统一问题，不列出任何选择答案，让被试根据自己的情况，自由陈述自己的想法"；三是综合型问卷，也就是结构问卷和开放式问卷综合使用，不过一般还是"以结构型为主，适当加入若干开放性问题"。我们平时看到的问卷，大多都是综合型问卷，卷面包括题目、说明语、问题与答案、结束语等内容。

三、案例研究法

案例研究法，有时也称个案研究法，是以某个单一的、典型的人或事物为研究对象，通过在一定时期里连续进行直接或间接的观察与调查，研究其行为发展变化全过程的一种研究方法。

案例研究法的主要任务是揭示个案形成的变化特点和规律以及影响个案发展的原因，并且提出相应的对策。

教师可以抓住个别典型的学生、教学行为、教学事件，结合教育教学工作实践进行研究。这样一来，对于每一位教师来说，要找到自己感兴趣的研究对象就不是难事了，而且也不会影响到正常的教育教学活动。

比如，班主任可以以某个脾气暴躁、爱和同学吵架的学生为研究对象，通过观察这位学生的日常表现，对他本人进行访谈，向其他同学打听，家访等方式进一步了解情况，合理分析这位学生脾气暴躁且爱吵架的原因，并在此基础上采取相应的对策，帮助这位学生向好的方向发展。

又如，某年轻任课教师发现，学生答题时，在某一个教学内容上出现的错误比较多。针对这一现象，该年轻教师可以通过调查学生和向资深同行请教的方法，探究学生没有真正掌握这一教学内容的根源在哪里，反思自己以后执教相似内容时该注意些什么等。

又如，某个学生平时做作业或单元测验时的表现都很不错，但是每次期末考试的成绩总是不理想。这时，班主任可以关注一下这位学生考试时的心理状态，看看是否存在考试焦虑等问题。一方面，班主任可以对学生本人进行访谈，了解这位学生对考试的态度；另一方面，班主任可以及时与家长联系，了解家长对孩子学业成绩的期望。针对这个案例，班主任在了解相关情况后，一定要联合家长，获取家长的支持；注意引导这位学生转变考试态度，用平常心对待所有考试。如有必要，还可以对这位学生进行必要的心理训练。

研究是教师专业成长的阶梯。通过研究一个个具体翔实的案例，教师会很清晰地看到教育教学中存在的问题，并提出化解问题的办法。案例研究，对提高教师的自我反思能力以及增长教师的实践智慧，大有裨益。

四、教育叙事法

尽管中小学教师和教育研究人员都在开展教育叙事研究，但两者有很大的不同。一般认为，教育研究人员所开展的教育叙事研究是质性研究的一种方式，在操作规范上有一定的要求。而对于中小学教师而言，教育叙事是一种常用的、简便易行的研究方法。

特级教师余映潮认为，教育叙事指的是教育工作者用叙事、讲故事的方式表达对教育、教学的理解与思考。教育叙事，叙的是教学工作中真实的细节、事件或者故事，其核心内容在于叙事与表达感受，其关键之处在于感受，如表达自己的启发、感悟、反思、经验等。叙事是手段，表达感受是目的。

也就是说，教育叙事主要是教师通过叙述教育教学工作中真实的细节、事件或者故事，表达自己的感悟等。叙述的内容可以聚焦一个点，可以关注一个片段，也可以是一个具体的故事。

教育叙事写作，是一种"零门槛"的教育写作，因为从具体的写作形式来看，教学手记、教学随笔、教学日志、教学感悟、教学短评等各类文章都是教育叙事写作。

比如，针对某堂课中多个学生在某个问题上出现的"卡壳"现象，教师把相关的细节记录下来，并写上自己的感悟，就是一篇教育叙事写作。如果教师不想浅尝辄止，而是想进一步研究的话，还可以在前面的基础上，认真探究这个问题产生的原因以及破解的方法。在深入研究的过程中，还可以写出多篇教育叙事作品。这样的教育叙事作品积累下来，自然就为教师写教育教学论文提供了丰富的素材或论据。

一线教师在做研究时采用何种研究方法，需要具体问题具体分析。李冲锋教授在《教师如何做课题》一书中提到，在选择研究方法时要考虑研究方法和研究内容是否匹配，只有研究方法与研究内容匹配，才能够在课题研究中把研究方法真正落实，才能够获取有用的资料和高质量的研究成果。可见，研究方法本身没有好坏，关键是看研究方法和研究内容是否匹配。

做"草根研究"
的践行者

在有些人眼里，中小学教师做的研究科学性不高，不能与规范的教育科学研究相提并论。但在实践中，很多中小学教师又恰恰是从科学性没那么高的"草根研究"中开启研究之旅的。

一、"草根研究"有助于教师的成长

我曾经读过上海市教科专家张才龙的《"草根研究"：普教科研的基本价值取向》和《"草根研究"，教育家成长之路》两篇文章，作者在文中提到，对于教育的"草根研究"，我国教育学界目前尚无一个广受认可的定义。作者认为，"草根研究"要求扎根于一线的学校领导和教师中间。学校的领导和教师是教育的实践工作者，"草根研究"的主体。学校领导、教师人人都可以投入"草根研究"中，大家刻苦钻研，埋头耕耘，讲求实效。

从这个意义上来说，每位教师都可以做"草根研究"。我本人也一直是"草根研究"的践行者。对于教师而言，有机会参与立项课题研究固然是好事，但各项立项课题的核心人员毕竟是少数，比如，浙江省或宁波市教育科学规划课题的成果证书上只能署6个人的大名，其他各类课题应该也差不多。即便是现在，教育科研部门开展的个人立项课题，真正能参与其中的教师也不多。但是，不参与立项课题的研究，并不意味着教师与研究无缘。其实，每个人都可以进行没有名分的"草根研究"。

"草根研究"是属于教师个人的研究，对于促进教师的专业成长是很有帮助的。我国中学语文教学界大名鼎鼎的特级教师钱梦龙，也高度重视"草根研究"的价值。我读过钱梦龙老师的《教师的价值》一书，书中收录了《草根式研究：基层教师的成才之道——以我的语文教学研究为例》一文。钱梦龙老师这样的教育名家，都把自己的语文教学研究称为"草根式研究"，这说明"草根式研究"或者"草根研究"同样值得好好研究。

二、我从"草根研究"中挖到了专业成长的第一桶金

刚参加工作那会儿，我就积极投入"草根研究"中，挖到了专业成长的第一桶金。当时的我没有指导老师，也没有现成的经验可以借鉴，一切全靠自己摸索。我进行的第一项研究就

是对学生心理健康状况的调研。在浙江大学杨宏飞老师的指导下，我采用心理健康诊断测验（MHT）对学生的心理健康状况进行了测试。从问卷调查的实施，到数据的统计分析，再到调查报告的撰写，这项"自找"的研究，我花了整整3个月的时间。

这项研究让我静下心来查阅资料、统计调查数据、分析调查结果，最终写出调研报告，完整经历了调查研究的全过程。做完这项研究后，我对学生的心理健康状况有了更加清晰的认识，大大提高了教学的针对性和有效性。

2001年12月，我写的论文在中国教育学会教育实验研究分会2001年学术年会论文评比中被评为二等奖，并入选《镇海区年度教师优秀论文汇编》，此后还被选进由浙江大学出版社公开出版的《宁波市第二届学术大会论文集》一书中。这样的获奖和入选，对一位参加工作不久的新教师来说，多有激励价值呀！

基于此次调查，我还写了一篇文章《对中小学发展性心理健康教育的几点思考》，并在《镇海教育》（双月刊）2001年第6期上发表了。用今天的眼光来看，这篇论文是写得非常浅显的，但这毕竟是我工作后完成的第一篇"变成铅字"的文章，而且还是在我参加工作后的第一个学期发表的，它让我备受鼓舞。

这次调查让我对学生的心理健康状况有了客观理性的认识，也为我今后的研究打下扎实的基础。在为期一年的心理课结束之后，我又采用心理健康诊断测验（MHT）对学生进行后测，并写成了《初中心理健康活动课提高心理健康水平实证研究》一文。这篇文章在中国教育学会教育实验研究分会 2002 年学术年会论文评选中获得二等奖。客观地说，从研究的规范性来看，这份实证研究还存在很多不足，但对我而言意义重大。渐渐地，我在实践中把工作当研究来做，研究成了我的习惯。

正是因为走上了这样一条正确的道路，20 多年后的今天，我除了有上百篇各类教育文章获得市级以上奖项，还有 500 多篇文章在省级以上刊物公开发表。现在看来，工作第一年获得的那两个奖项，真的是微不足道，但对于我的研究经历来说，却弥足珍贵。这是我专业成长道路上的见证，是"草根研究"的真实记录。

"草根研究"让我在执教之初就踏上了"边教学，边研究"的康庄大道，让研究成为我的专业生活方式，让我逐步走上专业发展的"快车道"。

《中国教育报·读书周刊》曾整版介绍过《毕业 5 年决定你的一生》一书，我也认真读过这本书。对于教师而言，入职的前几年真的非常关键，基本上每一所学校都会开展"青蓝工程"等活动，以此促进年轻教师的成长。如果一位教师错过了前几年发展的关键期，今后的发展就会受到很大的影响。

工作后的第一年暑期，我参加了一次培训，会上，宁波市教科所原所长庄允吉的一句话给我留下了非常深刻的印象。"一个青年教师搞三年教育科研和搓三年麻将，三年后的发展是截然不同的，我希望青年教师们在教育科研上多花一点时间。"这句话让我醍醐灌顶，也进一步坚定了自己走"草根研究"之路的信念。

三、给一线教师做"草根研究"的一些建议

"草根研究"的门槛并不高，选择"草根研究"，其实也就是选择了一种成长的方式、一条成长的道路。在这样的选择中，阅读、思考、写作，让实践更有探索的味道。也正是因为做出了这样的选择，三五年之后，与同一起点的青年教师就会拉开很大的差距。

（一）研究始于问题，重在过程扎实

一线教师做"草根研究"，要着眼于教育教学工作中碰到的现实问题，把工作中碰到的困惑当作课题来研究，在研究中解决实际问题。一线教师需要根据自己的研究设想，有意识地推进教育教学工作，及时记录自己的发现、思考或感悟，并有意识地积累相关的资料。在这个过程中，如有困惑，可以进一步阅读相关的参考资料，在释疑解惑中，不断反思，获得成长。

（二）工作就是研究，重在质量提升

一线教师做"草根研究"，就是要让自己在研究的状态下工作，提升日常工作的质量。由于教师的工作具有重复性，所以有些教师会在日复一日中逐渐变得麻木，进入舒适区。当教师用研究的态度对待日常的教育教学工作时，就会发现自己的工作变得更有探索味、更有新鲜感了，就会更有勇气迎接工作中的新变化，并积极破解新问题。这时，教育教学工作质量的提升就是水到渠成的事情了。

（三）成长就是成果，重在内在变化

各级课题管理部门一般都会开展各类课题成果评奖活动，但并不是所有课题都能获奖。也就是说，有些教师辛辛苦苦在课题研究上花了很多时间与精力，到头来可能是白忙活一场。此时，我们需要变换一下视角。在课题研究的过程中，教师有了成长，学生有了变化，相关问题也得以解决，那么这些成长和变化就是教师研究的成果。同样，对于做"草根研究"的一线教师来说，我们更要树立成长就是成果的观念，即便辛辛苦苦做的研究最后没有相关文章发表或相关成果获奖，但自己的研究依然有价值，依然实现了教育的目的。

功不唐捐，若干年之后，你会为自己走上这条道路而感到欣慰。

加入研究团体
抱团取暖

　　每位教师都可以开展自己感兴趣的"草根研究"，但也不应成为"孤勇者"。教师可以加入各种研究团体，抱团取暖，一起走在教育研究的"共富"道路上。

　　目前，学校层面申报的课题往往关系到学校的整体发展，因而该课题的负责人经常由学校领导担任，主要的研究人员一般也是由学校根据课题研究需要指定的。这一类课题，数量非常有限。一线教师想参与其中，主要是完成相应的一些实践任务，比如上一堂和课题相关的研究课，组织学生参与相关的活动等。因此，在这类课题研究中，普通教师的卷入是有限的。如果学校层面的大型课题划分为各类子课题并招募教师参与的话，那么感兴趣的教师就可以积极尝试。参与这样的子课题研究，主要着眼于锻炼自己，在"跟团游"中提升自己的科研素养。

毕竟，学校这项课题最终的成果，并不会与自己有太大的关系，因为课题结题证书或成果证书上是不会有自己的名字的。

　　一线教师想要加入各种研究团体抱团取暖，还可以有以下几种方式。

一、跟着教研组一起做研究

　　目前比较常见的是，中小学教师以教研组的形式开展课题研究。教研系统的课题研究，研究内容很多都聚焦教学，而且课题组主要成员一般都是同一个教研组的。尽管最终的课题成果证书上只能署5—6个人的名字，但教研组内的其他成员也可以参与到日常的课题研究过程中。比如，宁波市教研系统的立项课题《初中英语浸润式阅读策略的研究》《基于项目学习的初中名著阅读指导实践与研究》等，可以由整个教研组全力研究，也可以由教研组内感兴趣的教师一起研究。因此，对于教师而言，跟着教研组做研究是一种比较可行的方式。

　　教研组本来就是一个常态化的教学研究团队，而且教研组开展的课题研究是和日常的教学研究活动结合的。因此，无论是否可以在成果证书上署名，教师都可以参与教研组的课题研究，这是在实践中学习课题研究的方式之一。通过在教研组课题研究中的学习，教师可以提升自己的科研素养，为自己今后主持课题或成为课题组的主要成员奠定基础。

二、加入感兴趣的课题组

　　除了教研组开展的课题研究，学校里面可能还有其他的研究课题，比如研究学生成长、研究教育技术与学科教学融合方面的课题等，还有些课题可能是跨学段、跨学科的。这些课题的研究团队会构成相应的课题组。教师可以主动寻求机会，申请加入自己感兴趣的课题组。教师可以把课题研究中形成的一些思考和感悟进一步写成相关的文章。这些文章既可以作为自己的研究成果，也可以作为相关课题的支撑材料。

此外，教师如果对周围同学科的教师或者其他市其他学校的朋友所开展的课题研究感兴趣，那也可以主动加入，成为"编外人员"，有空就去参加一下相关的活动。这样也是教师借力发展的一种尝试。

三、加入名师工作室

名师工作室的类别有多种，不同的地区可能有不同的分法。以深圳市南山区为例，有教育科研专家工作室、名班主任工作室、学科名教师工作室、学前名师工作室、博士工作室。在各类名师工作室所开展的活动中，课题研究是一个重要的组成部分。无论是学科名教师工作室，还是名班主任工作室，研究的内容相对都比较聚焦，要么是某学科，要么是班主任工作。与交通便利、互联网发达随之而来的是，时间、空间、资源方面的局限不再成为教师发展的阻碍，教师拥有了广阔的发展天地。各省市教育主管部门有时会公布一些名师工作室的信息，如果你看到了自己感兴趣的，不妨打电话问问，看看自己还有没有机会加入。

四、加入线上民间团队或参与各类线上活动

一些教师也会在线上聚集起来，围绕某个主题开展研究。目前，这些团队主要以班主任为主，因为在班主任工作方面，有很多共性问题可以研究探讨。这类线上团队往往研究的都是非立项课题，但是大家可以实现资源共享，如一起探讨交流教育媒体的用稿特点、投稿方式等。

现在，各类线上活动比较多，比如很多媒体和机构都会邀请专家进行线上直播讲学。一线教师可以通过参与这样的活动，找到一些志同道合的同行，一起就某些问题展开研讨，组成一种松散型的线上研究团体。教师积极参加一些线上活动，其实就是在拓宽交往空间，促进专业交往。

至于要不要参加一些大型课题的子课题研究，则根据自己的实际情况决定。如果教师对这个课题很感兴趣并能从这个课题的研究中得到成长，尝试一下也未尝不可。有些以教育部立项课题名义组建的总课题组会列出多项子课题，招收学校和教师参与。总课题组有时还会举行成果评选活动，但大多会收取一定的费用。值得注意的是，总课题组颁发的各种课题获奖证书，在各地计算教科研成果时是不计入奖项的，在教师职称评审和名优教师考核中也是不予认可的。交钱就能评上的成果，其水平一言难尽。因此，是否参与非本地教育部门的各类总课题组的子课题研究，教师需要审慎考量。

当然，教师有了一定的研究基础和研究能力后，就能以自己想研究的主题为核心，在校内外寻找研究合伙人，组建自己

的研究团体。

　　不管是组建自己的研究团体，还是加入别人的研究团体，教师在这种抱团取暖的氛围中更能激发研究兴趣，享受研究乐趣，提高研究能力。当你不知道该怎样做教育研究时，不妨去找找各类"研究场"，让自己在前辈的指导、同行的激励下，成长得更有方向。

读写结合
突破研究短板

　　对于中小学和幼儿园的教师来说，做研究虽然不是为了理论创新，但还是需要有一定的理论作为指导。有研究者认为，研究问题缺乏理论依据、研究内容缺乏理论支撑、研究结论的提炼缺乏理论指导，是当下中小学教师课题研究中的共性问题。我参加过多次各类课题的指导活动，对此深有同感。

　　还有不少教师存在教育写作水平不高，缺乏必要的总结提炼能力等问题。究其原因，与他们在教与学的理论知识方面准备不足，及其本身的学术表达与建构能力不足有很大的关系。另外，很多教师没有阅读教育教学理论书籍的习惯，从而导致他们的学术知识与语言匮乏，在总结提炼时往往不能准确使用概念，进而影响到对课题研究成果的有效阐释。教师缺乏总结提炼能力只是表象，欠缺教育教学理论方面的专业阅读才是其实质。

可以这样说，缺乏必要的教育专业阅读，教师很难写出好文章，也很难做出好研究。因此，想要补齐教师在课题研究上的短板的话，就要引领教师培养专业阅读和专业写作的习惯。

宁波市镇海区发起的由教师自主报名参加的"啃读挑战"活动就是鼓励教师读写结合的典型例子。"啃读挑战"活动在2018年最初推出的时候，要求教师"每月啃读一本书，用心写就千字文"，也就是全年至少读12本书，写12篇不少于1000字的原创读书心得。

教师写读书心得，不仅可以促进阅读，还能有效提高教育写作能力。《让教师不再害怕写作——八种常见教育文体撰写"地图"》一书就把"读书心得"作为八种常见教育文体之一。《给教师的68条写作建议》一书也提到，写读后感是教师重要的写作内容。

"啃读挑战"全年12本"读写结合"的任务，无论是从阅读数量还是从阅读产出上来说，都给教师带来一定挑战。而且，在要求读的12本书中，不乏专业阅读书目，这从某种程度上保证了参与教师的阅读品质。

2018年的"啃读挑战"活动，全区共有80位教师自主报名参与。我们采用了"6本共读书+6本自选书"的方式。这一年，我们推荐了《让教育更明亮》《最高目的》《如果我当教师》《中国哲学简史》《课堂转型》《苏霍姆林斯基教育学说》这6本书作为共读书。虽然这些书大多比较难啃，但一年下来，全区仅有7位教师没能完成任务。

2019 年的"啃读挑战"活动，全区参加的教师增加到了196 人。这一年，在全年 12 本书"读写结合"要求不变的情况下，具体的操作方式从"6 本共读书 +6 本自选书"变为"4 本共读书 +4 本限选书 +4 本自选书"。2019 年的 4 本共读书为《生命教育教师手册》《儿童立场》《教育，向美而生》《教育与永恒》，限选书是从"研之乐"读书会推荐的 20 本教育经典中任选 4 本。

为了进一步扩大教师的自主选择权，从 2020 年开始，教师从全年推荐阅读的 12 本共读候选书中选择不少于 4 本即可。

2020 年，我们推荐了《穿越教育概念的丛林》《行走在教师身边的科研——海淀区教育科研"种子教师"研究项目实践探索》《理想国》《成功智力教学——提高学生学习效能与成绩（第二版）》《教育要给学生留下什么》等 12 本共读候选书。2021 年，我们推荐了《核心素养与学习的变革》《跟苏霍姆林斯基学当班主任》《教师人文素养漫谈》等 12 本共读候选书。2022 年，我们推荐了《师匠之美——校园难题应对 108 策》《深度学习》《做中国立德树人好教师》《教育教学的辩证之道》《教师最当有情怀——育人的柔性智慧》等 12 本共读候选书。

从参与"啃读挑战"活动的教师的反馈来看，他们逐步养成了专业阅读的习惯。有些教师说，多读教育类著作，多写教育读书心得，在不知不觉中就提高了自己的写作水平，以后再也不怕写论文了。有些老教师说，这几年读的教育专业书，比工作前 20 多年读的总和还要多。

不少教师在"读写结合"中也收获了"副产品"。有些教师在省级读书征文比赛中获得了一等奖,有些教师的论文在省市级活动中获得一等奖。有一位教师说,她花一个下午的时间写出来的征文,在宁波市的评比中获得了一等奖,这要是在以前,她是想都不敢想的。

尽管"啃读挑战"有一定的挑战,但也有其魅力。参加"啃读挑战"活动的教师人数逐年增多,2022 年参加人数达到 512人,2023 年的预报名人数更是接近 700 人。

"啃读挑战"活动,通过引领教师多读教育专业书籍,通过"读写结合",提高了教师的教育写作水平,为他们的课题研究打下扎实的基础。

事实上,想要写出一篇好的读书心得并不容易,因为它是一个人的全部知识、经验、思想、语言能力综合运用的总输出。写读书心得锻炼出来的总结提炼能力,恰恰是课题研究中很需要的一种能力。镇海区澥浦镇中心幼儿园教科室负责人陈丹月老师,连续五年都参加了"啃读挑战"活动,在不间断的"读写结合"中,她的总结提炼能力得到了很大的提高。每次她在读书分享会上的发言都能给人耳目一新的感觉。比如,她读完《解码教育》一书后,写了一篇读书心得《点燃教育核心之"火"》,提出"灯火:藏于儿童内心的秩序;烛火:印于教师身上的责任;焰火:绽于教育深入的本质"等独特见解,让人印象深刻。2021 年,她被评为宁波市教育系统第九届读书节教师读书"卓越领雁人";2022 年,她被宁波市教育局评为"甬城青年教师阅读先锋"。

近几年来，申报各类区级课题的教师人数越来越多。通过这两年区级课题的立项和获奖情况来看，参加过"啃读挑战"活动的教师有着明显的优势。以 2021 年立项的镇海区教科规划课题和镇海区教育学会课题为例，课题的负责人有一半左右是近两年"啃读挑战"活动的参与者。不少教师在"啃读挑战"活动中提升了教育写作能力，因而申报区级课题的积极性也在不断提升。

对于中小学、幼儿园教师而言，参与教育研究最重要的目的是改进工作、提升自我，更好地服务于学生的健康快乐成长。而镇海区的"啃读挑战"活动，聚焦教师在课题研究中表现出来的理论含量少、写作水平低的短板，让更多的教师在"读写结合"中提高了教育理论水平和教育写作水平，拉近了和课题研究的距离。尽管大多数教师开展的是区级层面的课题研究，但对他们来说，完整的课题研究经历，让他们对研究形成了更理性的认识，有助于他们把研究作为专业生活方式，从而过一种有"研究味"的教育生活，在研究中更好地享受职业幸福。

在"草根研究"和"规划课题"中自由行走

2021年，在我从教的第20个年头，我出版了自己的第五本专著《教师，以研究的"姿态"成长》，书中总结和提炼了我在教师研究和成长方面的一些经验。这本书同样也是我以研究的心态对待工作，从而收获的"副产品"。

回首从教以来走过的路，正是教育科研垫高了我成长的起点，让我能更好地应对各项工作中出现的挑战，逐渐从新手教师走向成熟型教师。

一、在"草根研究"中起航

《中国教育报》曾刊发过《一线教师，做个教育的草根研究者》一文，呼吁一线教师结合自身的教育教学实践，多做"草根研究"。看到这里，我会心一笑，因为我自己就是在"草根研究"中起航的。在工作的前 10 年时间里，除了承担学校各级课题的研究工作，我没有一项属于自己的立项课题。但在这十年中，研究已经成为我的生活方式，一直伴随着我的成长。可以说，我一直是"草根研究"的践行者。

我曾在一篇文章中开玩笑称自己是"三无"人员，即无固定教材、无指导老师、无教研团队。因为我入职的时候，刚好是中小学心理健康教育兴起之时。对于先行者而言，前方存在很多未知和挑战，也意味着需要面对更多孤独和无助。当时，没有指导老师为我指明方向，也没有现成的经验可以借鉴，一切全靠自己摸索。于是，我积极尝试"草根研究"，通过研究解除自己的各种困惑。我阅读心理健康教育方面的专业刊物，在网上搜索相关的经验介绍，在学生中开展心理健康教育状况调查后尝试写调查报告和相关论文……通过这样的方法，我在研究中丰富了自己的教育经验，增强了自我效能感。

二、在"规划课题"中成长

工作以来，我参与了多项规划课题的研究，并多次承担了规划课题的申报、研究和结题等各阶段的研究工作。

在我参加工作的第一年，刚好学校有一项市教科规划课题要结题。由于我是教育系毕业的，有一定的教育科研知识基础，所以学校领导就安排我参与阶梯工作。也就是说，从教伊始，我就被卷入课题研究中了。在撰写课题报告的时候，我得到了相关专家的指导，这让我对如何撰写规范的科研课题报告有了清晰的认识。

此后，我又参与了《培养初中生评判、选择、利用公共信息能力的研究》《初中德育新课程实施中家长资源的充分开发与有效利用》《节庆资源开发与社会综合课统整的研究》《文本连接，家校联动——一种家长学校办学新模式的研究》等课题的研究。在这些课题的研究中，我经历了撰写课题申请书、开题报告、过程研究、中期检查、结题检查、撰写结题报告等课题研究的全过程。

可以这么说，参加各项规划课题的研究使我在教育科研的道路上获得了很多"学术支持"。比如，参加市教科所组织的课题负责人或主要参与人的培训班，就可以大大开阔视野，了解教育科研方面的最新动态。

参加课题的中期或结题检查，可以帮助我们结合专家的建议，及时调整研究方向，走准研究路子，顺利完成课题的研究任务。在专家的助力下，我们对课题研究的思路能变得更加清晰，重点能变得更加突出，这样不仅提高了研究的针对性，而且还提高了研究的实效性。我认为，通过参与规划课题研究，我自身成长了许多。

三、在"自助研究"中收获

客观地说，并不是每一位教师都有当课题主持人或者主要成员的机会，尤其是级别高一点的课题。各类规划课题，相当于在相关的课题管理部门上了"户口"，要按照一定的流程管理。但是，不用申报立项的"自助研究"同样是教师日常教学工作中提升研究含量的一种有效方式。而且，这样的研究，受到的约束和限制少，更容易开展。

我本人就非常积极地投身到"自助研究"中，关注自己的课堂，把课堂作为自己的研究基地。参加工作以来，我撰写的《积极心理学视野下"幸福课"的实践与思考》《善用社会热点开发心育课程资源的实践与探索》《心育探索"两重天"背后的教育思考》等文章均获得宁波市中小学心理健康教育论文评选一等奖。这些研究"项目"虽然没有通过立项获得"身份"，但都是我结合自己的工作实践开展的实实在在的研究。这样的研究，更好地促进了我的教学工作。

自从我负责学校教科室的工作后，促进教师专业成长就成了我的一个工作目标。比如，我从学校教师订阅专业刊物的情况出发，确立了研究的一个小课题。

在平时的工作中，我都会积极地向学校教师推荐优秀的专业刊物，特别是《教师博览》《师道》《教师月刊》等综合性教育类刊物。2007年11月，我从教师2008年计划订阅的专业刊物清单上发现了一些新现象，主要体现为订阅刊物的数量增多了，而且有不少教师打破学科阅读的局限，开始走向开放阅读。于是，我就如何推动教师订阅专业刊物、专业阅读如何促进教师专业成长等问题写了多篇文章，并发表在《中国教育报》《浙江教育报》等报刊上。

"自助研究"有了基础，遇到合适的机会就可以申报课题。近几年来，我倡导和推进的"啃读挑战"活动在实践中取得了不错的成效。于是，《依托多元化"啃读挑战"推动区域教师专业阅读的实践研究》被立项为浙江省2021年度教师教育规划课题，《"啃读挑战"促进区域不同层面教师专业发展的追踪研究》被立项为宁波市 2022 年度教师教育重点课题。如果在这些立项课题结题后，自己还有兴趣继续研究，这样就又转为了"自助研究"。

可以这么说，参加工作 20 多年来，我从"草根研究"中起步，通过参与"规划课题"研究增强了研究意识，提高了研究能力，并且在"规划课题"和"自助研究"中自由行走，充分享受到了研究带给我的快乐。研究是我快速成长的助推器。

第三章

找准恰当的研究方向

找到自己的
研究点

正如矿工采矿要找到"矿眼"，记者写稿要找到"新闻点"，教师做研究也应该找到自己的"研究点"。这样，教师才能在日常的教育教学工作中更好地用研究的眼光看问题，在研究中改进工作、提升白我。那么，教师该如何找到自己的"研究点"呢？

一、在自己的工作实践中找到"研究点"

教师做研究不是为了创造概念，而是为了改进工作、提升自我。因此，教师的研究要基于自己的工作实践。工作实践中碰到的困惑或者想形成的亮点就是非常好的"研究点"。我认为，每一位教师都可以结合自身的教育教学实践，找到自己需要的"研究点"。有了"研究点"，教师的研究就有了中心，教师就可以围绕这个中心，开展实实在在的研究，在研究中解除现实困惑，形成特色亮点。

教育是非常复杂的，教师在工作中无疑会碰到很多现实的挑战。以班主任工作为例，只要用心，班主任就很容易找到有价值的"研究点"。比如，班主任看到班上有很多学生沉迷电子媒体，那如何才能让学生学会合理使用电子媒体，不会因沉迷这些工具而耽误学习正业呢？又如，班主任如何发挥好班级博客在促进班级凝聚力中的作用，进一步加强班集体建设呢？再如，如何发挥好微信在家校沟通中的作用呢？这些都是班主任在工作实践中碰到的现实问题，都是很好的"研究点"。

张天雪等著的《教师身边的教育科研》一书中提出了很多研究视角，如可以从学校变革、课程开发、日常教学、德育创新、班级经营、参与学校管理中进行研究等。这些视角都是与教师的日常工作联系在一起的，这也说明，只要教师留意，身边处处都是可以挖掘的"研究点"。

二、在各类培训研讨中找到"研究点"

教师经常参加各类培训和研讨，只要用心留意，也能从中找到自己的"研究点"。有时候，培训者不经意间的一句话，或许就会引发你的思考，引起你的强烈关注。比如，在教研组的观课议课活动中，课后大家畅所欲言，思维火花的碰撞之处可能就会激发你去尝试一下新方法的欲望。这其实是进入了一种自觉的微研究状态。特别是在有些学校承办的区、市级教研活动中，上的那些展示课都是经过教师精心准备的，是非常精练与成熟的。教师积极参与这些活动，说不定在台下听着听着就冒出了新的想法，找到了适合自己的"研究点"。

有一年，我参加了一场关于如何成为优秀教师的培训。培训教师讲了美国教师汤普逊和学生泰迪的故事，并发出"你能成为学生心目中最有学问、最棒的教师吗？"的追问。一个小学五年级的教师，她在学生心目中的地位，并没有随着学生年龄的增长、水平的提高而变化，这真的是值得我们思考的。因此，我尝试就教师在学生心中的地位这个问题展开研究。其实，在学生的成长过程中，教师是他们的重要他人，而重要他人是有正向和负向之分的。汤普逊老师是学生泰迪成长过程中的重要他人，她在关键时刻给泰迪的关爱，成为泰迪后来奋发向上的精神动力。在学生面前，教师的一言一行往往都具有重要的教育意义。

教师是带给学生源源不竭的精神动力，还是带给学生致命的打击，往往通过师生交往中的一些小事就能看出来，但很多时候教师自己并不能及时地意识到。毕淑敏曾写过《谁是你的重要他人》一文，文中她提到了自己小学时代因被一位音乐教师羞辱而长时间备受困扰。不过，那位小学音乐教师却没有想到她的这一举措会给学生带来如此大的痛苦，如果她知道的话，应该也会避免这样的行为。可见，身为学生的重要他人，教师不能忽视自己的言行带给学生的影响。于是，我又查阅了很多资料，对心理学上的重要他人概念在教育中的意义有了更深刻的认识，并写下了《你想成为学生什么样的重要他人》，发表在《师资建设》上。

2019年，我参加了80后特级教师刘善娜的新书发布会。刘善娜老师认为，参加各类公开课展示和优质课评比的机会并不是每一位教师都有的，但写作是教师自己能够做主的事情。这个观点引起了我的共鸣，于是，我趁热打铁写下了《教育写作是教师自我成长的垫脚石》一文，这篇文章很快就在《浙江教育报》上刊发了。

随笔类文章是属于"短平快"的教育写作产品。如果教师平时对某个问题或某种现象有思考，一旦有机会触发灵感，就很容易写出这样的文章来。2022年8月，在镇海区教育系统干部暑期读书会上，我听了著名特级教师俞正强一场题为"一所学校的正事儿"的讲座。俞老师提到，他们学校很多教师做了很多有价值的事，虽然这些事与评职称和评先进没有关系，但他们就是愿意去做。这就是他们学校师德建设的魅力所在。师德建设并不是喊喊口号就行，而是要付诸行动。"不给别人添麻烦"和"我有办法"，是他们学校师德建设的起点和目标，而当教师形成"我有办法"的价值追求后，他们对学校的归属感就更强了，自身的职业幸福感也更强。于是，我又有了写一篇文章的想法，拟定题目为"教师需要赢得什么样的职业尊重"。两个月后，这篇文章就在《浙江教育报》上发表了。这篇文章之所以能写得这么快，是基于我长期以来的一个思考，即教师并不是因为从事这个职业就要理所当然地被尊重，而是因为在这个职业中做出了贡献才享受职业尊严。

三、在阅读与思考中找到"研究点"

阅读，可以让教师更清楚地把握教育的热点问题和学科的最新动态。这样，教师才能更好地审视自己的日常教育教学工作。比如，我曾在《中小学管理》上读到《从"教育反思"走向"专业表达"》一文，"专业表达"一词给了我很大的启发。的确，在现实中，教师的"专业表达"被忽视了。我对这个问题产生了浓厚的兴趣，继而查阅了很多资料，深刻认识到了"专业表达"对教师专业成长的重要意义，并发表了好几篇相关的文章。

阅读《中小学心理健康教育》上的一篇文章《从"心理建设"这个词想到的……》，让我对学生的心理健康教育工作有了更理性的认识，并形成了一系列的思考。我更加关注积极心理健康教育，注重在教学中发挥学生的积极作用，让心理健康教育变得更有"幸福味"。我撰写的《积极心理学视野下"幸福课"的实践与思考》获得宁波市中小学心理健康教育论文评选一等奖，并发表在《中小学心理健康教育》上。

从上面的这些例子中，大家可以看到，在自己的阅读与思考中，有时候不经意间看到的或听到的一句话、一个观点，就能点燃心中研究的火花，甚至可以更好地改进工作。

众所周知，阅读是促进教师专业发展的重要途径。阅读可以帮助教师了解学科或者教育方面的最新动态，开阔眼界，以及带来更多的思维碰撞。教师在阅读的基础上，再结合自身的教育教学实践，就会很容易找到"研究点"，开启研究的新征程。

当阅读触发我们的思考时，不妨把思考和感悟写下来。尽管这些思考和感悟是碎片化的，但积累得多了，就可以写成完整的文章，既可以用来参加评比，也可以用来投稿。

我本人经常在读完一本书之后有很多感触，因而我写了不少读书心得。2019 年，我阅读了王立华老师的《会做研究，班主任就赢了！》一书。以前我就读过不少王立华老师写的关于班主任工作方面的文章，很佩服他那种执着的研究劲。我在阅读这本书之前是不打算写读书心得的，但读着读着，深有共鸣，于是，就写下了《借力研究做高效能班主任》一文，后来在《中国教育报·读书周刊》上发表了。

"不知道研究什么"这是很多教师远离教育研究的一种说辞。其实，只要我们用心，在我们的工作实践中，在我们参与的培训和研讨活动中，在我们的阅读和思考中，都有无数的"研究点"等着我们去挖掘。希望每一位教师都能找到适合自己的研究点，找准自己需要的研究点，踏踏实实地开展研究！

关注教育媒体的
征稿通知

　　很多教师都有这样的感觉，不知道该研究些什么，也不知道该写些什么。如果教师没有固定的研究方向和研究内容的话，不妨关注一下教育媒体的征稿通知，从中获得一定的启发，找到一些有针对性的研究点。

　　现在，很多教育媒体都会发布征文通知，主题往往着眼于当下教育的热点和难点问题。我认为，这些征文通知可以给教师的研究提供一定的参考。这些问题也恰恰是现实中需要破解的难题。对于那些在研究上找不着方向的教师而言，关注教育媒体的征稿信息就是在找研究的路子。

　　另外，教育写作既是教育研究的题中应有之义，也是提高教师研究水平的必由之路。关注教育媒体征稿，加深理解与思考，明确研究方向，多尝试练笔写作，这些都是教师加强研究能力的有效途径。

一、刊物的整体征稿

很多教育刊物，包括综合性教育类刊物和学科专业性刊物都会在封三或封底刊发刊物征稿的重点选题，即这些选题是该领域的重点、难点或急需解决的问题。教师可以从中关注自己感兴趣的重点选题，这样可以使自己的研究更有针对性，便于把日常的研究和教育写作结合起来。

不少刊物还会在年底的最后一期或者新年的第一期上公布全年的年度选题。以《中小学德育》为例，该刊物在 2022 年第 1 期目录旁边就公布了 2022 年度选题，包括"双减"之后的德育审思、"五育并举"与"德育为先"：关系厘定与实践创新、生活改进视角下的中小学劳动教育、服务于学生成长的时间管理、教育叙事研究与教师专业成长等 12 个。如《教学与管理》在 2022 年第 1 期封底也登了 2022 年的选题计划，包括劳动教育的课程化实践、"五育"融合发展相关理论与实践研究、家校合作模式的创新、学生生涯教育探讨、学生作业设计与批改的优化等几十个选题。教师如果想做研究的话，就可以结合自身实际情况，从选题中选择适合的研究点。

数学学科方面的权威刊物《数学教育学报》在 2022 年一开始就发布了其当年的重点选题计划，包括"双减"政策背景下的数学教育学理与实践研究、人工智能＋数学教育、数学教师专业发展与数学教师教育、数学教育史与数学思想发展史研究、数学教育与 STEM 等 10 个。

教师如果有意识地关注几份综合性教育类刊物和学科专业性刊物上面的选题，就会进一步了解到教育的热点、焦点问题，从而对自己选择研究点有所启发。

二、刊物的主题征稿

现在，很多刊物都会针对某个时期的重点选题进行主题征稿，这些主题往往直面热点和难点问题，有助于教师更好地认识和思考一些教育问题。以我本人为例，我通常会结合教育刊物的主题征稿来找一些研究点，在此基础上还发表了不少文章。

我曾在《中国教育报》上发表过《在"聚焦课堂"中落实科学质量观》一文。这篇文章周一投稿，周五就刊发了，而且还发表在版面的头条上，字数超过 3000。我并不认识相关的编辑，仅仅是通过邮箱投稿。写这篇文章的缘由很简单，就是我在《中国教育报》上看到了有关"教学管理"的征文通知。当时，我刚好对学校的教学管理有些思考。于是，我结合所在学校的相关做法，梳理了一下思路，写成一篇文章后就投出去了，没想到居然在短短的几天后就刊发了。这次投稿成功的经历让我认识到，有影响力的教育媒体在刊发文章时是以稿子的质量为标准的。这一类的主题征稿，教师如果真想参加，就需要尽早下手，毕竟还是有非常多的人关注着这类有影响力的媒体的。

现在，不少刊物也会就一些热点问题进行征稿。比如，《教师博览》曾就如何看待教师运营微信公众号进行过主题征文。当时，我也写了一篇对应的文章并顺利刊发出来了。2022 年，《教师博览》就学校微信公众号占用教师教育教学时间的话题进行了征稿。因为我对这个问题有过思考，所以很快就写出来一篇文章《学校微信公众号：关键在用好》，而后顺利在《教师博览》上刊发。

三、刊物的争鸣类征稿

刊物的争鸣类征稿能引导我们对某个问题进行深入思考。关注争鸣类征稿，其实也是寻找研究点的一条可行途径。

2021 年 5 月，我曾在《浙江教育报》上发表过《写一辈子教案不能成长？那是因为没用心》一文。事实上，我对教案问题的关注始于 2015 年《教育时报》对教案管理的关注。当时《教育时报》的"管理者"版面刊发了《教师为何排斥写教案》等文章，在"编者的话"中有"欢迎已经在新课改中'折腾'多年的教师、学校管理者都来探讨一下这些问题"这样一句话。说实话，教案管理是个老大难问题，一直有争议，但也一直没有得到妥善的解决。当时，我结合自己对这个问题的思考，写下了《跳出"常规检查"思维管教案》一文，并顺利在《教育时报》"管理者"版面头条上刊发。我认为，"只是注重检查教案，不注重课堂教学建设，是本末倒置的"。如果教师教学水平高，教学效果好，并得到学生好评的话，学校没有必要在教师教案的写作上多纠结。当然，学校也可以从制度上激励教师认真写好教案，提高教案写作水平。对于新教师而言，由于在各类考核中是有写教学设计的要求的，所以学校平时加强这方面的要求，不仅可以帮助新教师快速成长，也体现了学校对这些新教师的关爱。不过，对于资深教师，就没有必要在教案的写作上提过细的要求。

总之，当教师没有明确的研究点，不知道该研究什么时，不妨关注一下教育媒体的征稿信息。征稿信息如果刚好切合教师自身本来就在思考的话题，就会激励教师进一步思考。当然，我们也要端正心态。投稿不一定要以发表为目的，毕竟僧多粥少，只当给自己一次思考的机会、一次练笔的机会。投出去的稿件能发表最好，不能发表也不必耿耿于怀。

持续聚焦
某一领域的问题

2022 年 8 月，2021 年度宁波市教育科研优秀成果获奖名单公布，由我主持并执笔的《基于"啃读挑战＋"推动区域教师专业阅读的实践研究》获得推广奖中的特等奖，成为全市两个特等奖之一。一个课题能参加推广奖的评选，说明其有推广价值。而获得推广奖中的特等奖，又说明这项研究成果得到的评价很高。尽管准备这次评选，我只花了一个多月的时间，但这背后是我对教师阅读推广 16 年之久的坚持。

2016 年 3 月，我曾经在《浙江教育报》上发表过《十年：与全民阅读同行》一文，对自己的教师阅读推广之旅进行了回顾。2006 年，宁波市教育局开展了"读好书促发展"活动，推荐了 50 套好书，并开展读书征文比赛。当时，作为学校教科室负责人的我，建议学校参加这次活动。学校领导非常支持，专门出资委托书店按照推荐书目买了能买到的书，为每个教研组配置了 30 多本。学校最后决定以教研组为单位开展这项活动，希望每位教师在两年的时间里能读 10 本书，并安排由我来负责这项读书活动的具体事宜。有了这次读书活动，学校组织参加《教师周刊》举办的浙江省首届教师读书征文比赛也就顺理成章了。就这样，我在不知不觉中扮演起了教师阅读推广人的角色。后来，我才意识到，2006 年，宁波市教育局和《浙江教育报·教师周刊》均开展读书征文比赛，是因为当年中宣部等部门倡导"全民阅读"。我在无意中和全民阅读同行了。

尽管当时教研组为期两年的"读好书促发展"读书活动并没有取得预期的效果，但我对教师阅读的关注在那时已悄然发芽。

2007 年 4 月，我关注到《新华每日电讯》以"有些中小学教师几乎不读'教外'书"为题对上海市中小学教师的阅读状况进行了报道。此后不久，我又留意到《光明日报》报道了北京市中小学教师阅读状况不理想的现状。

2008 年，我读了朱永新教授的《教师们为什么拒绝读书》一文。这篇文章中提到，缺乏闲暇、缺乏需要、缺乏环境这三个因素是很多教师远离甚至拒绝阅读的原因。缺乏闲暇，就是我们通常所说的没空读。朱永新教授在该文中进一步论述，缺乏闲暇并不是教师远离阅读的最重要的原因，因为"教师有了闲暇，其实也未必读书，闲暇只是读书的前提条件"。

2008 年 10 月，我担任了所在学校的教师读书社的社长。因此，加强读书社自身建设并推动教师全员阅读就成了我的分内事。读书社首批 10 名成员工作都很忙，但如果他们都认真读起来了，并且读有所获，那么其他教师以工作忙碌为由不读书的说辞自然就站不住脚了。受朱永新教授那篇文章的启发，我决定在点燃教师阅读热情和营造良好阅读氛围上下功夫。

为此，我把时任山东教育社总编辑陶继新的《做一个幸福的教师——陶继新教育讲演录》作为读书社成员的首本共读书，因为这本书中有一个讲演将读书与教师成长的关系讲得非常透彻。接着，我又把著名特级教师高万祥的《优秀教师的九堂必修课》作为第二本共读书，因为这本书中将教师读书作为第一堂必修课。通过这两本书的共读，在分享会上，我明显感受到大家的读书热情已经被点燃了。这些成员又将他们的读书热情影响到了其所在教研组和其他班主任。

2014 年 4 月，《中国教育报》刊发的《教师阅读，从最忙碌的人开始》一文介绍了仁爱中学教师读书社的建设经验。

为进一步营造学校浓郁的教师阅读氛围，读书社每次举办的读书分享会都邀请学校主要领导参与。每年暑假学校都会面向全体教师开展"读自己爱读的书"活动，并在暑期师德学习期间举行读书分享会，公开表彰各类读书先进个人，让爱读书的教师多站"C 位"。读书社成员发挥的种子效应，有效推动了教师全员阅读。

2016 年，学校提交的《引领和选择并举，先锋和全员同行》阅读推广案例获评宁波市十佳校园阅读推广案例，并且是其中唯一一个教师阅读推广案例。此外，我提交的《基于"一体两翼"教师读书团队建设的实践研究》获评宁波市 2015 年度教育科研优秀成果二等奖。

2016 年 9 月，我调到镇海区教科所工作后，在领导的支持下，倡导成立了区域层面的"研之乐"读书会。考虑到推动一所学校和推动一个区域的教师阅读的底层逻辑差不多，于是，我通过健全组织机构，让区内的每一所学校都有推动教师阅读的具体责任人，让推动教师阅读这件事有人做、愿意做、用心做，这样自然就能做好了。

在加强区域教师读书团队自身建设的同时，我还发起了"用心啃读一本书，用心写就千字文"的"啃读挑战"活动。《基于"教科团队"推动区域教师阅读》和《啃读挑战：让教师走出成长"舒适区"》均获得宁波市"校园阅读推广活动优秀案例"一等奖。2022 年 1 月，我撰写的《从着力"读书团队"建设到深耕"啃读挑战"项目——推动区域教师阅读的行动研究》获得宁波市第十一届"说说我的课题研究故事"主题论文一等奖。这篇文章写的其实就是我调到区教科所工作后，用研究的态度推动区域教师专业阅读的心路历程。2022 年 12 月，我撰写的《在"自我迭代"中让研究更深入——宁波市教育科研成果推广特等奖是这样炼成的》获得宁波市第十二届"说说我的课题研究故事"主题论文一等奖，这是我对"啃读挑战 +"的成果获奖后的一个整体性的复盘。

在不同的时期，我也曾长期关注过其他领域的问题。比如，从 2006 年一直到 2016 年，我一直在关注教师征订专业刊物的情况，这让我不仅进一步做好了自己的工作，还公开发表了 10 余篇相关文章。我还长期关注过中小学主题班会课的开设情况，也取得了一些成绩——我发表过多篇相关文章，还有幸被《德育报》主题班会专版聘请为核心专家成员，并且由我主持的德育个人课题曾获得宁波市一等奖。

我认为，持续关注某一领域的问题，就是深耕某一领域，就是和时间交朋友。每一位教师都可以找到自己感兴趣的且值得关注的某一方面的问题，在持续的关注中，为自己挖一眼研究的深井。

在他人研究的基础上
形成新成果

中小学教师做研究，要务实，但也要注意策略，不能蛮干、苦干，要善于借力。

一、避免低水平勤奋

就教师研究本身而言，其他人做过的研究，自己同样可以做，因为教师做研究的主要目的是改进自己的工作，提高自己的水平。不过，教师要是想让自己的研究出成果的话，就不得不关注前人已有的成果了。比如，就某个问题，别人发表过的文章中已经关注到什么程度了，如果自己写的文章还不如人家已经发表的，那自己的文章能发表的概率就会降低。如果教师不注意这一点，就会让自己陷入尴尬的局面。

前些年，《中国教育报》刊登了一封署名为河南安阳宋老师的读者来信,这封信给我留下了深刻的印象。信的大意是这样的,他说自己是一名基层教育工作者,为探索教育教学规律,几年前主动要求离开学校的行政岗位,进入教学第一线,还下乡支教。在学生进步的同时,他也积累了不少经验。但前些天,当他把自己总结的经验写成文章,再上网查找对比时,却发现那些所谓的经验其实早就已经被人总结过了,甚至比他写得更深刻、更具体。他还提到,他身边还有很多教师起初也是信心满满地写作投稿,但投的稿子总是如同石沉大海一般,毫无回响。他们的写作热情就这样被磨灭了。为此,《中国教育报》还组织了如何帮助教师走出写作焦虑的话题讨论。

尽管这位河南教师很用心地做研究,而且还有了成果意识,但他在做研究的过程中,忽视了非常重要的一点,那就是自己事先没进行检索,不知道这个领域别人已经研究到哪一步了。所以就出现了上面的窘境,自己辛辛苦苦写出来的、自我感觉还挺满意的"经验",远不如别人写得到位。对于这位教师而言,尽管他在研究中获得了成长,但离发表研究成果还有很大的差距。

我认为,中小学教师要想让自己的研究成果获得认可,就必须要远离低水平勤奋。如果教师不了解自己的研究已经到了哪一步,或者不管已有的研究基础,一味只知道埋头蛮干的话,就属于低水平勤奋。

二、在他人研究的基础上形成新成果

万丈高楼平地起,任何研究都需要在他人研究的基础上进行。因此，我们经常看到课题研究或者研究论文里都有文献综述部分。

平心而论，中小学教师积极发表研究成果也是对自己有利的，因为在职称评审和名优教师评选中，都对成果这方面有要求。我认为，教师在做研究时应当有"成果意识"，要有意识地在他人研究的基础上形成新成果。

比如，有位数学教师认识到，学生在解题中的错误可以转化为教育资源，能够更好地助力学生成长。这种认识并不意味着就是新发现。这位数学老师想开展这方面的研究的话，并不能想当然地认为自己的探索非常有价值，而应该先去中国知网等期刊网上查一下关于这方面的研究是否已经有相关的文章发表。如果网上已有相关的文章发表，那就对照一下自己设想的成果和已有的成果有什么差别。要是自己的想法别人都已经提到了，那就看自己是否还能在这个基础上开展更深入的研究。我们可以借鉴别人的成果改善自己的教育教学工作，但若想发表和别人一模一样的义章，那就不现实了。

我曾认真阅读过《上海市中学班主任阅读现状的调查研究》一文，对班主任阅读品质不高的现象有了深刻的认识。提高班主任的阅读品质，除了提高阅读数量以外，很重要的一点就是提高班主任阅读的专业性。近年来，我发现有一些班主任在"啃读挑战"活动中加快了成长的步伐。正是因为了解别人的研究，所以我才在如何促进班主任的专业阅读上更有心得，并在《中小学班主任》杂志上顺利发表了《"啃读挑战"，助推班主任专业阅读》一文。

近年来，我查阅了很多有关教师阅读状况的调查报告和相关的研究文章。在此基础上，我总结出当下中小学教师在阅读上面临四大困境，即阅读数量不多、阅读品质不高、阅读产出不够、阅读规划不足，并坚定了教师的阅读是一种"职业性"阅读的信念。我发起的"每月啃读一本书，用心写就千字文"的"啃读挑战"活动吸引了越来越多的教师参与，也确实帮助教师摆脱了阅读上的四大困境，有效推动了区域教师阅读。

《今日教育》杂志以封面推荐文章的形式刊发了我撰写的文章《啃读挑战：破解教师阅读困境的有效探索》，全文有6000多字。此外，我在《中国教育报》刊发的《师者之读　自成格调》一文中提出的教师制定阅读规划，要兼顾阅读数量、阅读品质、阅读产出的观点，被《人民教育》的观点摘编栏目转载。以上这些都增强了我继续推动"啃读挑战"活动的信心。如果没有他人的研究基础，我的探索可能就会更漫长。

中小学教师应该学会参考他人的研究成果，在别人的研究基础上再进行研究，这样可以让自己少走弯路，形成质量更高的研究成果。

可以重点发力的
三个研究方向

中小学教师应该做什么样的研究，我认为可以从以下三个方面进行重点关注。

一、提升教学的综合效益

如何理解"提升教学的综合效益"呢？广义的教学，不仅是指课堂教学，还包括备课、作业布置、评价等多个环节。其实，教学的各个环节都有很多值得研究的问题，比如，如何提高集体备课的质量，如何让自己的课堂更有魅力，如何布置有针对性的分层作业，如何改进对学生的评价等。具有研究意识的教师就会查找相关的资料，在广泛的阅读中提升自己的能力。这样的研究，是跟教师的日常工作有效对接的，应该作为教师日常工作的一部分。

随着课程改革的推进，现在高中学段普遍开设了选修课，义务教育学段一般都开设了拓展性课程。2015年9月，《浙江省教育厅办公室关于建设义务教育拓展性课程的指导意见》发布，里面提到，"拓展性课程可分成知识拓展、体艺特长、实践活动等三类""每学年拓展性课程课时占总课时的比例：小学15%左右，初中20%左右"。该指导意见要求强化师资建设，"多渠道、多途径开展课程建设与实施能力专项培训，提高教师的课程开发开设能力"。而且，从浙江省教师职称评审的要求来看，想要参评高级及正高级职称的义务教育学段的教师，每学年需承担学校规定的拓展性课程工作量。在这样的背景下，对于教师而言，提高自己的课程开发能力就显得尤为必要。教师可以在这方面多做一些研究。

二、提高德育专业化水平

在网络时代，我们很容易看到一些备受争议的德育方式。比如，2015年1月，在上海某民办学校举办的"孝敬文化节"上，800多名学生集体向父母下跪。这件事引发了公众的热议，大多数都是反对的声音。《中国青年报》当时就刊发了评论文章《我厌恶组织学生下跪的学校》。从某种程度上来说，该校的做法反映了当下学校的德育工作缺乏专业性。此外，我们也经常可以看到各类"洗脚式"感恩的做法，著名文化学者朱大可先生专门写文章批评了这样的"演出式"德育。

同样，在班级管理方面，也有很多研究可以做。比如，很多人认为做班主任太麻烦、没意思，而广东省的青年教师张玉石却把班主任工作做得十分精彩，她的专著《做班主任，真有意思！》甫一出版，就一印再印。至于做班主任是太麻烦还是有意思，除了与班主任要调整好心态有关外，班主任处理工作的专业水平也很重要。班主任想要提高专业水平，就需要用研究的态度对待班主任工作。张玉石并不是一开始就认为做班主任有意思，她也经历了做班主任真没意思、有点意思到真有意思的发展历程。当她开始用研究的视角看待班级管理的那些人和事时，才真正感受到了做班主任真有意思。同时，她在班主任工作方面的专业水平也越来越高，还获得了广东省班主任专业能力大赛的一等奖。班主任所做的常规工作都差不多，有些人做得牢骚满腹，有些人则做出了水平，提炼了很多成果，成了德育专家。造成这种差别的原因就在于，他们是否发挥了研究的重要作用。

在每一位教师都要落实立德树人根本任务的当下，增强教师的德育意识和提升教师的德育能力显得更为关键。如何才能提高教师自身的德育专业化水平，这就需要发挥研究的力量。

三、开发教师自身的资源

教师自身就是最重要的教育研究资源，这一点必须引起我们的重视。新教育实验认为，教师的职业认同和专业发展是教师成长的两翼。教师只有认识到自己从事教师职业所面临的挑战和肩负的使命，才能更好地应对各种职业压力，解决工作中出现的各种问题。教师的职业认知，教师职业面临的挑战，教师专业发展的路径，在"互联网 +"时代教师要具备的新技能有哪些，教师如何自我反思、自我教育等，这些都是从教师自身出发挖掘出来的研究内容。从另一个角度来说，教师如果对这些问题有了很好的认知，明确了努力的方向，就会更好地适应自己的工作，以最快的速度成长。

《当代教育家》杂志的总编辑李振村曾写过《教师的体态语言》一书，这本书很值得教师关注。其实，如何才能更好地发挥出体态语言的作用，这也是教师研究自我的一个重要内容。除了体态语言，教师的服饰、教师的微笑、教师的语言、教师的习惯、教师的兴趣爱好、教师的文化底蕴等，都是可以开发的资源，都能从中找到相应的研究点。

提升教学的综合效益、提高德育专业化水平、开发教师自身的资源，是我认为教师做研究可以重点关注的三个方面。教师只要有研究的意识，坚持在研究的状态下工作，就可以从很多方面发力，找到自己感兴趣的研究点。

课堂中有丰富的研究资源

很多教师在写文章时往往会觉得没东西可以写，其实课堂就是教师的"主战场"，教室就是教师天然的研究室。教师只要关注课堂，研究课堂，就能获得丰富的写作资源。反过来，教师可以通过写作不断梳理自己的知识或想法，不停地反思自我，从而更好地理解课堂、驾驭课堂，提高课堂教学的实效。

我曾在南京师范大学参加过一次培训，其中有一位专家的一句顺口溜给我留下了深刻的印象。他说，教师怎么会没东西可以写，上一堂课可以写N篇，听一堂课可以写N篇，课堂观察、教学反思、课堂实录，这些都可以写。当然，并不是所有教师都能达到这位专家所说的水平，因为没有深厚的积淀，写作就像是"挤牙膏"，无论怎么挤，也挤不出来多少。有些教师听一节课，就能结合听课内容做出自己的解读，写出一篇可以公开发表的文章，有些教师就算是听了 100 节课可能也做不到。听一节课就能写出一篇高水平文章的教师，其实是带着自己的思考、带着自己的理念在听课，这背后是他们长年累月的积累。不过，这位专家的话还是揭示了这样的真相：课堂中有丰富的研究资源。

受魏书生老师"边教学、边研究"的思想影响，我从教伊始就用研究的态度对待课堂教学。2001 年大学毕业后，我进入一所中学担任专职心理教师，属于这一领域的先行者。当时的我，面临着无指导老师、无教研团队、无专门教材的"三无"尴尬。而且，在很多学生眼里，心理健康活动课是可有可无的副课。因此，如何激发学生的学习热情，让他们成为心理健康活动课的主人，成为我执教之初的"立足之本"。于是，我充分利用"首因效应"，使出浑身解数上好"心育第一课"。我坚信，如果学生对某一课程的第一感觉比较好的话，那么他们就会有兴趣上接下来的课。我积极营造和谐的课堂氛围，为全体学生提供畅所欲言的机会，所以一些平时在其他课堂上因害怕出错而不敢开口的学生，也会在我的课上一吐为快。另外，我还经常通过各种途径了解学生对心理健康活动课的需求，尽可能满足他们，助力他们的心理成长。

在工作的第二年，我撰写的论文获得宁波市第三届中小学心理健康教育优秀科研成果二等奖。这对我的鼓励是非常大的。同时，我在教学方面也下了很大的功夫，积极引导学生主动参与心理课。在此基础上，我写的论文《引导学生主动参与，切实提高心育实效》在由浙江省教科院和浙江教育报刊社联合举办的浙江省优秀教育教学论文评选中获得二等奖。这两篇论文都是基于我工作第一年的心理健康课堂教学实践写的，是我关注课堂、关注学生、不断反思的结果。这两次获奖增强了我继续关注课堂的信心。

此后，我确立了"快乐导向"的心理健康教育模式，并在持续的研究中取得了一系列成果，有多篇论文公开发表或获得市级以上的奖项。这些成果都是在关注课堂、研究课堂的基础上形成的。在研究的过程中，我查阅了大量的资料，进一步拓宽了自己的视野，也对课堂教学有了更深刻的认识。我上的心理健康活动课深受学生喜爱，在学校开展的学生评价教师的活动中，我也因此连续多年名列前茅。

教师除了研究自己的课堂，还可以从同事或同行的课堂中获得启发，让他人的课堂为自己提供研究资源。有一次，在本区中学心理健康教坛新秀的评选活动中，我听了好几节关于人际交往方面的课。其中，有一节课给我留下了非常深刻的印象。这节课的主题是关于亲子沟通的，授课对象是职高一年级的学生。教师先让两位学生进行角色扮演，分别朗读妈妈对孩子的14点建议和孩子对妈妈的14点建议，接着又播放了一段题为"爱的艺术"的亲子关系的视频，生动形象地展现了一个女孩从出生到自己成为母亲后，与父母之间的关系的变化。正沉浸在这个感人视频中的我，突然听到有啜泣声，往教室一看，发现有好几位女生都忍不住哭了。看样子，她们是真正入戏了，把自己置身于教师营造的教学情境中去了。最后，教师让学生写出他们想对父母说的话时，又出现了不少啜泣声。"爸爸妈妈，我以前很对不起你们。以后，我一定会好好努力，让你们为我感到骄傲！"在分享环节中，一位男生大声说出了自己的心声。这位男生的发言，赢得了全班学生热烈的掌声。一段视频把课堂推向高潮，很显然是学生真的被感染了。

在这堂课上，教师呈现的内容是温情的、生活化的：父母对孩子的付出，孩子在成长中对父母的不理解，和孩子为人父母后对父母的理解。小时候的事情，已经历过；成长中的事情，正经历着；未来可能会发生的事情，对自己有很大的启发。实实在在的内容深深地打动了学生的心，让他们能更好地思考自己与父母的关系。可见，这位教师在教学内容的选择上并不是随意的，而是非常有讲究的。这些都是教师自身教育智慧的体现。

一堂课在学生的心里究竟能起到什么样的作用，关键在于上课的教师。有些教师，能把枯燥无味的教学内容上得非常精彩，而有些教师却能把本来很有意思的教学内容上得让人如坐针毡。作为一堂教学评比课，虽然教师并没有花多少时间去准备，但丝毫不影响它成为一堂成功的课。在这堂课上，教师并没有刻意煽动学生的情绪，而是通过春风化雨般的影响让学生真情涌动，感悟到了亲子关系的奥秘。

听完这节课后，我意犹未尽，于是就写了一篇文章，后来发表在《浙江教育报》上。这篇文章源于他人课堂的所思所感，属于一次美丽的邂逅。

无论是自己的课堂还是他人的课堂，都有着丰富的研究资源。一线教师不妨做一个有心人，好好利用课堂中丰富的研究资源，让自己的教育教学生活更有"研究味"。

研究学生
就是研究教育

2019 年，"研之乐"读书会把成尚荣先生的《儿童立场》作为"啃读挑战"活动的共读书。当年 11 月，我有幸现场聆听了一场成尚荣先生的精彩讲座。此前，我读过成尚荣先生的多本著作和多篇文章。成尚荣多次强调"儿童研究"要成为教师的"第一专业"。可见，研究学生，是教师的工作需要和重要职责，是教师的一项重要修炼；研究学生，就是研究教育。

《中国教育报》曾围绕"今天，我们如何做教师"的主题邀请大家展开过讨论。人大附中特级教师肖远骑认为："教书育人，首先得了解教育的对象，了解学生，胸中有书，目中有人，教学要面向实际，'摸着石头过河'，由此，我懂得了做一名教师仅有知识还不够！还得学会研究学生！"研究学生的重要性不言而喻。

对于中小学教师而言，研究学生本身并不是目的，其目的在于更好地认识学生，以便为学生提供有针对性的指导，更好地服务于学生的成长。教师对学生的研究是应用性研究。

有研究者认为，教师研究的学生是其正在教的全体学生，教师研究学生的内容是学生的各个方面。这样的说法也有道理，但教师不是专业的研究员，他们研究学生的主要目的是改进教育教学工作，不可能有那么多的时间研究得面面俱到。

我觉得，教师研究学生可以从以下三个方面下功夫。

一、聚焦学习规律，激发学生的学习动力

近年来，课堂教学活动从以"教"为中心转向了以"学"为中心。事实上，教师的教，也只有通过学生的学才能真正发挥作用。在"双减"背景下，教师在如何提高教学质量上面临着更大的压力，要真正做到"轻负高质"并不是一件非常容易的事。提高学生学习效率的根本性措施应该是激发学生的学习动力。

中小学教师可以多关注一下最新的认知科学，尤其是脑科学方面的研究成果，以便更好地把握学生的学习规律，让自己的教实实在在地助力学生的学。在《中国教育报》评选出来的 2021 年度教师喜爱的 100 本书中，有一本就是《教师应该知道的脑科学》，而且这本书还位列前十。

此外，现在各地都在推进小学生的综合评价改革，用评价激发学生学习的主动性也是一个值得探索的研究点。

二、巧用心理效应，赢得学生的内心支持

教育的对象是学生，而不同时代的学生都有各自不同的特点。只有先了解学生的特点，再因材施教，才能真正教好学生，实现教育目标。我们如果不了解学生的需要，不知道他们的兴趣爱好，就自以为是地开展相关的教育，自然就不会受到学生的欢迎。正所谓"亲其师，信其道"，和学生打成一片，了解他们的喜怒哀乐、能力差异、个性特长的教师，才是优秀的教师。

我认为，教师要学会运用"自己人效应"，让学生感受到教师是他们的"自己人"。这样一来，教师自然能赢得学生内心的支持，学生也会愿意对教师敞开心扉，事无巨细地与教师进行沟通、交流。

教师可以通过问卷调查法、访谈法等研究方法，了解学生的兴趣、爱好、个性特点、学业负担感、假期的计划安排等方面。在调研全体学生的基础上，教师还需要多观察学生在校的具体表现，及时与家长和其他教师沟通等，帮助学生获得最大的成长。

教师通过这些方式了解学生、帮助学生，不仅可以拉近与学生的距离，对学生的情况形成全面、准确的认识，还为自己写教育叙事、教育调查报告、教育案例等积累了必要的素材。教师在教育好学生的同时，也给自己留下了一些物化的教育写作成果。

三、重视"集体备班",发挥团队的研究合力

我原先工作的中学有开"班级例会"的做法。具体来说,就是班主任把所有科任教师召集起来,一起分析本班的各类事务,比如,班级中出现的不和谐现象,某些难教学生的行为表现,接下来要采取的具体策略等。我觉得这种做法跟教学上的集体备课有共同之处,可称为"集体备班"。这样做的好处是,在研究学生方面能发挥出团队的合力,克服了教师个人研究学生时能力不足的局限。对于很多新教师来说,在这样的团队合作中,他们能更好地提高班级管理的水平和研究学生的能力。

后来,我无意中在一篇文章里看到,前苏联教育家巴班斯基认为"教育会诊"是教师研究学生的一种卓有成效而且相当客观的方法,参与"教育会诊"的成员主要由班级全体教师构成。"集体备班"和"教育会诊"是有异曲同工之妙的。在越来越重视研究学生的今天,"集体备班"是可以进一步发挥其应有的价值的。

当某位教师带着自己的思考参与到某班级的"集体备班"活动中的时候,在思维的相互碰撞中,他对学生的认识会变得更加深刻、全面,自然也能逐步提高研究学生的能力。

优化师生关系
值得研究

"好的关系胜过好的教育""教育学首先是关系学",近年来,这样的观点非常流行。师生关系作为教育中一种重要的人际关系,同样值得关注。

一、研究师生关系的必要性

顾明远先生曾说过,好的师生关系是最大的教育力量。师生关系始终是教育领域中一个重要的研究议题。尽管当下关于师生关系的研究有很多,各类刊物上发表的文章也有很多,但中小学教师在看这些内容的时候还是需要保持客观理性的态度。

《当代教育科学》2021 年第 10 期刊发了《新型师生关系的"建构热"与"冷思考"》一文。该文作者倡导多揭示师生关系中的现实问题，并在实践中破解。

他认为，部分教育学者热衷于构建的新型师生关系，往往是理想主义的，表达了教育学者的价值追求，但它们不能作为解决当下师生关系问题的方案而被宣扬。因为它们不是基于现实而产生的，而是被理论化的教育理想。

现实中，师生关系紧张的现象也并不少见。前些年在全国范围内引发广泛关注的"乌龟门"事件凸显了有些教师在处理师生关系时缺乏必要的智慧。"乌龟门"事件本身并不复杂。一个高中女生在上课的教师背后贴了一张写着"我是乌龟，我怕谁"的纸条，纸条上还画着乌龟的形象。该教师发现后非常生气，觉得自己受到了这位学生的侮辱，一气之下打了这位学生一个耳光，学生随即用桌子上的书砸向老师，老师又打了学生一个耳光，学生自然又反抗，后来师生就扭打起来。事后，当地教育行政部门认为这位教师体罚学生，做出了开除这位教师的决定。

这件事被披露到网上后，很多教师都自发声援该教教师。在舆论的影响下，当地教育行政部门收回了开除该教师的决定，改为降低一级专业技术职务。

在"乌龟门"事件中，那位学生的做法毫无疑问是不对的，但教师的行为反应也有很大的争议。教师在公开场合不能和学生发生正面冲突，否则师生双方都下不了台，导致事件朝向不可收拾的局面发展。"谢谢你祝我长命百岁"，如果这位教师能在当时这么幽默地回复一下的话，那么自然就不会有后面激烈的师生冲突了。

有效化解师生冲突相当于救火的话，主动优化师生关系则相当于防火。教师如果能未雨绸缪做好"防火"工作，那么后面就不需要忙着四处"救火"了。因此，如何优化师生关系，这是一个值得教师研究的问题。教师也是从学生时代过来的，应该能理解学生的处境。从学生的角度来说，良好的师生关系能够让学生感到安全、轻松、愉快，有利于学生各方面的发展。探索良好的师生关系，是教师最重要的职业课题。

教师是良好师生关系的主要构建者。对于中小学教师而言，做师生关系方面的研究要务实，要着眼于师生关系的优化。

二、关于当下优化师生关系的研究的启示

当下优化师生关系的相关研究主要有以下几种研究取向。

有的研究者建议从多维协商的角度优化师生关系，认为要着眼"人的价值"，从"单向指令"走向"多维协商"。教师可以在集体学习、班级生活、共同活动、组织环境四个领域实施"多维协商"，处理好情与智、教与学的关系。

有的研究者建议从共生与共长的角度优化师生关系，认为师生关系是基于民主、平等和对话，构建起互利双赢、共存共荣的"命运"共同体，师生双方要共同学习、共同实践、共同发展。

有的研究者认为关怀型师生关系是最理想的师生关系。所谓关怀型师生关系是指师生双方以对方生命成长为内在需求而形成的一种充满关心和信任的人际关系，具有关系性、连续性、情境性等特征。

有的研究者倡导走向一种彰显教育性的师生关系。富有教育性的师生关系，是指一种动机具有教育意向、行动富有规范性，情境具有教育学理解的关系。在这样的师生关系中，教师身份要实现从"经师"到"人师"的转变，教师角色要实现职业角色与替代父母角色的统一，不断彰显教育责任与关怀。

还有研究者对我国师生关系研究的历史嬗变与前景展望进行了详尽阐述，认为21世纪以来是"走向共生"师生关系的新型发展时期。师生双方要自觉接受各自的主体差异，在开放自由的氛围中相互尊重，互补共进。追求共生师生关系代表了师生关系的未来发展走向，为构建现代新型师生关系提供了价值指南。

在优化师生关系的研究上，中小学教师不用提出什么新的论断，而是要着眼于实际，优化师生关系。尽管研究者拥有不同的观点，但也有不少共同的价值追求。作为一线教师，我们要在"走向共生"的价值追求的基础上，进一步确立"学生立场"，尊重学生，关爱学生，让学生也能更好地理解和尊重教师，在共同学习和共同生活中，建立起师生之间的美好感情，实现"双向奔赴"。

有了这样的价值追求，再结合自身的实践探索，教师在撰写优化师生关系的教育叙事和教育论文时，自然就有了写出好文章的底气。

第四章

输出优质的
研究成果

教师不会写，
首先要破除"心中贼"

王阳明先生有句名言："破山中贼易，破心中贼难。"对于教师写作而言，教师不会写，首先也要破除"心中贼"。

王丽琴主编的《让教师不再害怕写作——八种常见教育文体撰写"地图"》一书中提到，有些教师宁上十节公开课，也不愿意写一篇文章。从这句话中，我们可以看到某些教师对写作的恐惧。说实话，我很难理解这些教师的恐惧。上公开课对于很多教师来说，也是一个很大的挑战。难道写一篇文章比上十节公开课还难吗？

在我看来，尽管上述的说法有点夸张的成分，但不少教师缺少写作的热情，害怕写作倒也是不争的事实。我身边有不少教师都曾坦言自己不会写论文。教师不会写是能力问题，写不好是方法问题，但在能力和方法之外，还有一个态度问题。教师愿不愿意写，那就是态度问题了。

俗话说，只要思想不滑坡，办法总比困难多。同理，我认为，教师写作最大的问题是态度问题。态度端正了，方法是可以学的，能力是可以培养的。

值得注意的是，教师的写作通常都是非虚构写作。也就是说，教师的写作不需要什么想象力，教师能基于自身的教育教学实践，用文字把最基本的意思表达出来即可。当然，教师的写作也需要专业表达。如何练就这种专业表达的能力呢？那就需要教育教学方面专业阅读的滋养。有些语文老师散文写得不错，甚至还会写小说，但就是写不好教育教学论文，这与缺乏专业阅读是有很大关系的。

我本人也没多少文采，但从教以来，尤其是近十多年来大量阅读教育方面的专业著作和专业刊物，同时边读边写，确实感觉自己的教育写作能力得到了很大的提高，因而有机会公开发表了多篇文章，甚至还出版了好几本教育著作。

教师不会写，写不好，恰恰需要多磨炼。只要功夫深，铁杵磨成针。多练笔是教师提高教育写作能力的有益尝试。每年的工作计划、工作总结、读书心得等，都是很好的练笔机会。不动手去写，就不知道自己的短板在哪里。因为很多内容，脑子里想的、嘴上说的，和写出来的是不一样的。抓住各种机会多写作，这样教师的遣词造句能力、逻辑表达能力等都能够得到锻炼。很多教师一方面抱怨自己不会写，另一方面又心安理得地从网上下载工作计划、读书心得等资料敷衍了事。不会写又不肯写，那教育写作能力自然就很难提高了。

在职称评审或名优教师评选时，有些教师就是因为缺乏必要的教育写作成果而失去机会。机会总是留给有准备的人的，教师如果有意识地提高自己的教育写作能力，那么今后在准备跃升成果的时候，自然也不会觉得太尴尬。

写着写着就会写了，这是不少镇海区教师的切身体会。在 2022 年宁波市"温暖的教学"论文评比中，镇海区实验小学冯雪波老师提交的论文《绘出名堂，画出精彩，暖入心田》获得一等奖。目前教龄和当班主任均已超过 30 年的冯雪波老师，原先也不会写。后来，她从 2018 年起连续五年参加了镇海区"研之乐"读书会发起的"每月啃读一本书，用心写就千字文"的"啃读挑战"活动，写着写着就会写了。参加"啃读挑战"活动的教师，每年至少读 12 本书，每本书要写不少于 1000 字的读书心得。不少参加过"啃读挑战"活动的教师都在不知不觉中提高了教育写作能力。除了写读书心得，他们写教育教学论文和研究报告也越来越得心应手。冯雪波老师的例子就很典型。2021 年 1 月，她在全区的"啃读挑战"经验分享会上提到，近三年她的写作量分别是 35888 字、49249 字和 53569 字，总计是 138706 字。

我发现，连续多年参加"啃读挑战"活动的教师对自己的写作能力也越来越有信心。2022 年"啃读挑战"活动的具体实施方式有了略微的调整，每本书的读书心得除了保底要求不少于 1000 字外，还有不少于 2000 字和不少于 3000 字两个自由选择项。其中，有近 90 位教师选择了每篇读书心得不少于 2000 字的标准，还有 12 位教师选择了每篇读书心得不少于

3000 字的标准。选择最高标准的教师都是连续多年参加"啃读挑战"活动的，比如，冯雪波老师就是其中一位。

教师不会写，只要愿意写，努力写，提高教育写作能力是很自然的。但是，教师不会写，还不想写，不去写，那想写出来好文章就不切实际了。

教育反思
是写作的第一手材料

在郑杰的《给教师的一百条新建议（修订版）》中，第25条建议就是"将写作进行到底"。不少教师看到这样的建议，可能会惊出一身冷汗。但如果我们跳出写作来看写作，会发现，那些说自己不会写的教师，往往是不怎么思考的教师。

美国心理学家波斯纳提出教师成长的公式：成长 = 经验 + 反思。反思，是教师专业成长的"催化剂"。在吴义昌的《如何做研究型教师》一书中，作者提出，中小学教师的研究主要包括三种类型：一是鉴于实践的紧迫性而用不甚严谨的研究方法处理全部实践事项的反思性实践；二是用比较严谨的研究方法集中解决某一重要实践问题的行动研究；三是用严谨的研究方法构建教育理论的科学研究。科学研究不是所有教师都有能力去做的，但反思性实践是所有教师都完全有能力去做的，而且反思性实践也是贯穿教师职业生涯始终的。每一位教师想要成长，都应该要学会反思。

事实上，写作从某种程度上来说就是思考的文字结晶。很多人脑袋里思考了，却没有动笔写下来。如果只是在大脑中反思，不留下任何痕迹，随着时间的流逝，那这些宝贵的反思可能就化成泡影了。反之，能够记录下来的反思是非常真实和宝贵的，为今后的写作提供了第一手资料。因此，我认为，反思最好要能诉诸笔端。就一线教师而言，反思从何而来呢？

一、日常教育教学反思

在日常教育教学反思中，最常见的是教后反思，也称为教后记。叶澜教授曾说过，一个教师写一辈子教案，不一定成为名师；如果一个教师写三年反思，有可能成为名师。叶澜教授的这句话被广泛引用。这句话说明了教育教学反思对教师成长的积极意义，也从侧面反映了一般教师在写教案时缺乏反思。现在不少学校对教师写教后记或教学反思提出了要求，但遗憾的是，有些教师没有从根本上培养起反思的意识，往往只是在学校要检查备课本的时候才匆匆补记一下。这样的补记行为其实已经失去了教学反思的本意，是典型的"被"反思。这样的反思是一种形式主义，是在做无用功，白白增加了教师的负担。

教师写日常教育教学反思，主要是写给自己看的。因此在反思中，教师不应遮掩问题，而应直面问题，积极探索化解之道。教师如果能用心写教学反思，就能在反思中不断加强学习，优化自身的教学行为，有效提升教学水平。

写教育教学反思既是一种研究方式，也是教育研究成果的一种表达方式，是教师研究生活的具体体现。

二、主题教育教学反思

主题教育教学反思着眼于教师一段时间内关注的问题，从某种程度上说是对某个问题研究的系统记录，有助于切实提高教师解决具体问题的能力。与日常教育教学反思相比，主题教育教学反思更具有针对性，有时稍加整理就是一篇很不错的反思文章。

教师写教育教学反思文章是基于自身的教育教学工作，这样的写作是主动的，因而往往写得非常用心。通过写教育教学反思文章，教师对自己关注的问题会有更加理性的认识。

现在很多班主任都非常重视后进生或潜能生的转化工作，写了不少这方面的反思文章，在很多教育媒体上都可以看到类似的文章。不过，有些善于反思的优秀班主任，不仅关注后进生的转化，还非常关注优秀生可能会出现的一些问题，比如品德和行为方面的问题。事实上，与转化后进生相比，转化优秀生会更加困难，因为这些优秀生大多更有主见，更不容易受到别人的影响。如果班主任能把处理优秀生的这些问题的做法记录下来，就为写主题教育教学反思文章积累了非常好的素材。当然，为保证文章质量，最终写出来的文章一定是在日常反思的基础上进一步深化、提炼过的。

如果教师能对学生进行持续观察，并就观察到的结果进行持续反思、持续改进，那么这样不仅能培养出来优秀的学生，还能写出一些高质量的文章。

三、即时教育教学感悟

"好记性不如烂笔头"，这句老话说明了及时记录的重要性。有一些勤快并且有心的教师经常随身带着笔记本，有好的心得和想法就及时记录在笔记本上。正所谓"人勤地不懒"，只要你辛勤耕耘，一定会有意想不到的收获。勤快做记录，事后再及时梳理记录，就为写出好文章打下了非常重要的基础。

至于如何记下即时教育教学感悟，每个人都可以选择适合自己的方式。在今天这样一个移动互联网时代，看看微信朋友圈、刷刷短视频，已成为常态，手机早已成为大家越来越离不开的"宝贝"。现在的手机不仅是通信工具，还是即时记录的好工具。在手机上安装一款笔记软件，把自己的即时感悟记录下来，还能同步到电脑上，便于进一步修改。

一线教师其实有很多碎片时间，如果不增强利用这些碎片时间的意识，那么这些碎片时间就很可能在无意中白白浪费掉了。就我个人而言，我很喜欢用碎片时间进行移动阅读，或者随时记录自己的心得感悟。有些感悟和思维的火花稍纵即逝，不及时记录或许就永远消失了。不管是用手机，还是用笔记本，记录下来的这些个人灵感和瞬间教育智慧，都可以为自己的教育写作积累丰富的素材。

注意教育写作的
三个"关键要素"

　　教育写作是研究成果输出的重要方式，也是促进教师自身可持续发展的不可或缺的途径。教师有了教育写作意识后，还可以关注以下三个"关键要素"。

一、找准教育写作方向

　　"不是自己不想写，而是自己真的不知道该写些什么。"这是很多教师的共鸣。由于缺乏对教育写作正确的认识，所以他们才陷入了这样的困境。其实，教师的教育写作并不是要有高大上的理论创新，也不是无病呻吟，而是在记录自己的教育教学生活，是对自己的教育生命历程的描述。可以这么说，教师的教育写作就是在书写自己的教育人生。

　　因此，教育教学的工作现场就是我们教育写作的"富矿"，里面有很多内容可供我们挖掘。比如，如何关注中等生、如何有效布置作业、如何让课堂变得有序和有趣、如何提高班会课的实效等，这些教师日常工作中需要面对的问题，是教育研究的内容，同样也是教育写作的主题。这些写作内容，都是与教师的日常工作相关的，是教师熟悉的，写起来自然不会有陌生感，写出来也自然不会成为"夹生饭"。

教育写作不用怕"小题大做"，不经意的一件小事情，只要用心，也能写出一篇高质量的好文章。有记者对2015年度浙江省优秀教育教学论文评选的评委进行了访谈。评委认为，教师平时应该多写些小文章，多关注一下身边的小事。抓住小的切口、小的载体，容易写出有亮点的好文章。反之，如果论文题目很大，谈得也不深，只是引用一下别人的理论，戴顶"帽子"，这样的文章徒有其表，没有看头。《浙江教育报》全文刊登的一篇2015年度浙江省优秀教育教学论文《例谈"问题链"在物理学习中的应用》，就是典型的"小题大做"的文章。

在日常的教育教学工作中，我们如果用心观察、用心体验、用心思考的话，就能发现很多值得写的东西。当然，我们平时也可以结合一些教育热点问题，写一写自己的思考；结合专家学者的讲座，写一写听后的感悟；结合外出学习考察，写一写所感所想；结合所读的书籍，写一写心得体会。尤其是读书心得，只要自己愿意写，真的是永远都写不完呀！

二、提高教育写作水平

教师最终写成的教育文章并不是简单记下的流水账，而是汇聚了教师对一些教育教学现象的思考或者对自身教育教学经验的提炼精华。教师平时把自己的一些所思所想记录下来，就为以后的教育写作积累了丰富的第一手资料和素材。有了资料和素材，如何才能写得出色呢？众所周知，写得出色才有发表或者获奖的机会。如何提高教育写作水平，这是每一位教师必须要面对的现实问题。

《中国教育报》曾刊发过一封读者来信，反映的是很多教师因向教育报刊投的稿子老是石沉大海而丧失写作热情的问题。因此，《中国教育报》组织了"如何帮助教师走出写作焦虑"的大讨论，并分几次刊发了讨论的文章。看到这个讨论后，我也有感而发写了《跳出写作来看教师的写作焦虑》一文，投稿后不久就刊发了。事实上，我们不能就写作而论教师的写作，否则是解决不了实质性问题的。不少语文教师写散文的水平很高，却苦于没有相应的论文参加职称评审。按理说，语文教师的写作能力应该是不差的。但一些语文教师从来不看本学科的专业刊物，不知道本学科的发展方向，不了解本学科关注的热点问题，这样自然就很难写出有思想含量的教研论文。

著名作家阎连科曾在接受《新华每日电讯》记者专访的时候指出，如果有一天他停止了写作，一定是因为他没有能力阅读了。停止阅读，也就意味着停止了思考。一个著名作家都如此强调阅读在自身写作中的重要作用，我们身为教师就更应该从阅读中汲取写作的源泉了。

然而，缺少阅读正是当下许多教师的软肋。因此，教师想提高教育写作水平，就需要根据自己的实际情况有针对性地阅读一些教育著作、综合性教育类刊物和学科专业性刊物。大量的专业阅读，有助于教师开阔眼界，创新写作立意，提高专业表达能力。

阅读只是前提，提高教育写作水平最关键的一步还是要在阅读的基础上多写多练。如果教师能做到读写结合，那么写出几篇像样的文章也不是难事。教师平时要多练笔，教育日志、教育叙事、教育反思、教育案例等均可以尝试，在练笔中提高书面表达能力、谋篇布局能力、精练大小标题的能力。教师该如何提高自身的谋篇布局能力和精练大小标题的能力呢？

写作时的谋篇布局，就如同建筑施工之前的规划设计，是一道绕不过去的"坎"。正所谓谋定而后动，写文章之前有明确的框架，文章才能写得有逻辑、有条理、有脉络。这里的框架，也包括文章的结构，比如，有的文章是并列结构，有的文章是递进结构，有的文章是总分结构等。就我个人写文章而言，我倾向于在确定好主题后，先搭框架，再填材料。也就是说，有了"四梁八柱"之后，再考虑"精装修"的事。

明确文章框架之后，还需要精心打磨文章的大小标题，让它们看起来非常凝练。正所谓"题好一半文"，好的文章标题，既能突出文章的主题，又让人有耳目一新的感觉。除了文章标题外，各类小标题也要引起重视。小标题不仅要精准表达意思，还应尽量做到表达形式一致，如有可能，尽量做到字数一致。

这样就会很吸引人。

以我在《中国教师报》上发表的一篇 4000 字左右的文章《"研之乐"读书会：构建区域教师"阅读场"》为例。这样的文章标题，把"研之乐"读书会推动区域教师阅读的价值取向很明确地彰显出来。这篇文章的三个小标题分别是：在"责任到人"中建设区域"先锋队"；在"啃读挑战"中走出成长"舒适区"；在"获得满满"中自动进入"阅读场"。这三个小标题之间是递进的关系，生动阐述了从建立教师读书团队到推动区域教师阅读的全过程。这三个小标题的表达形式一致，字数也完全一样。

我写的《以"职业认同"为支点提升教师职业幸福感》一文在宁波市第十七届中小学心理健康教育论文评选中荣获一等奖。这篇文章，我采用了提出问题、分析问题、解决问题的逻辑框架。根据这样的结构布局，我提炼了三个小标题来进行具体阐述：自媒体时代教师的"迷茫"；提升职业认同是最好的应对；加强教师职业认同的策略。

就我而言，如果写一篇文章，大标题和小标题都确定了，也就意味着文章的整体框架已经搭好，完成文章也就是时间问题。如果这是一篇任务型文章的话，我觉得已经没什么压力了，因为胜利就在前方。

如今，网络在为教师写作提供便利的同时，也助长了教师的惰性。不少教师养成了从网上"拿来"的习惯，甚至连计划、总结之类都直接从网上扒下来，应付交差，从而使自己少了很多练笔的机会。这一点是需要教师引起警惕的。

三、安放教育写作成果

成果发表是教育写作的最后环节，也是不少教师动笔写作的最直接的动力。在刊物上公开发表文章，既是自己的成果得到认可的体现，也为以后的职称评审、评优评先等积累了"资本"。但有些教师就是"提着猪头找不到庙门"，文章写好了却不知道该往哪里投稿。很多教师都有这样的感觉，与教师发表论文的需求相比，刊物所能提供的发表机会是远远不够的。

这就像在就业市场上，很多大学生找不到工作，但很多企业招不到所需的人才一样。尽管教师个人觉得可供自己文章发表的刊物很少，但实际上，只要是好文章，并且是切合刊物需求的，就不怕发表不了。前些年，我在《中国教育报》上发表的文章，很多都是通过邮箱直接投稿的，我并不认识里面的编辑，但是由于我写的文章符合刊物的特点及需求，所以很快就刊登了。近几年，因为我在投稿中结识了一些编辑，所以也会有一些约稿的文章发表出来。

基于我个人的投稿经验，我认为，教师在投稿之前必须研究相关刊物的用稿特点，然后"投其所好"，这样才能提高文章发表的可能性。不少教师找到一个投稿邮箱，不做功课就盲目投稿，投中的可能性自然很小。教师可结合自身的实际情况，有针对性地加入一些刊物的 QQ 群或微信群，留意一下编辑公布的征稿信息和用稿要求，这样才能有的放矢。

很多刊物还会开展一些主题征文活动，教师可以关注一下这样的信息。如果教师有现成的文章正好符合征文活动的主题，不妨适当修改一下，参与征文。如果没有现成的文章，要是自己感兴趣，也可以试着写写这样的命题文章，锻炼一下写作能力。比如，《中国教育报》曾就"名师不鸣"的问题向全国的读者征稿，我看到征稿信息后，就结合自己平时的思考写了《"名校"情结背后的名师成长困惑》一文，并成功发表出来了。

教师在选择刊物的时候，注意不要被那种"只要出钱就能发文章"的刊物所欺骗。教师可以通过中国记者网或国家新闻出版署的"期刊/期刊社查询"查一查有没有相关刊物。如果有，可以进一步在中国知网上查询该刊物的收录情况，看是不是有这个版本，以及看看这个刊物的厚度怎么样。如果一本刊物是旬刊，每一期都有200页以上，这样的刊物属于什么层次或水平，立马就可以得出结论了。

参加各类奖项的评审也是安放教育写作成果的一种途径，但教师一定要参加各级教育行政部门及其所属业务部门或学术团体的正规评审活动。现在很多"文化骗子"针对教师想评奖的心理，炮制了很多"克莱登"大奖，动辄给你送上一个"全国一等奖"，当然那些获奖证书是需要钱购买的。原先这样的"克莱登"大奖都是全国性的，不少教师就有了辨别力。现在，这样的奖项也向下延伸了，比如××省的一些民办组织机构开展了省级论文评比活动，然后向你收取一定的费用，让你评上一个"省级大奖"。而事实上，这些机构是缺乏权威性和公信力的。对此，教师一定要提高自己的"反诈骗"能力，多留一个心眼，多一些调研，不要上当受骗。

做好写作前
的准备工作

　　我在中学担任教科室主任的时候，就学校评选教育教学论文的事，和很多同行都有过交流。我看到，很多教师都是应付了事，写出来的文章不是东拼西凑，就是照搬照抄。这样就形成了一个恶性循环，很多教师一方面抱怨自己不会写论文，另一方面对学校提供的机会又消极对待。尽管现在的职称评审降低了对论文的要求，但高级职称尤其是正高级职称的评审对论文还是有较高的要求的。教师如果平时不注重提高写论文的水平，那么在面对那些需要提交高质量论文的硬性条件的时候，就会手足无措。那么，教师该如何写出称心的文章，让论文不再成为自己的阻碍呢？

一、需适度自我加压

要写出一篇有质量的文章，毕竟不是一件很轻松的事。人都是有惰性的，更何况中小学教师工作非常忙碌，他们要是想偷懒，自然就不会费心费力地写文章。不过，对于自己决心要做的事情，再忙也是能抽出时间的。想写出称心的文章，教师需要适度自我加压，对自己提出一定的写作要求。

自参加工作以来，我每年都会要求自己完成自己定下的写作目标。最初是每年认真写好一篇心理健康教育论文，参加宁波市的评选活动。这个要求一直坚持到 2016 年调到区里工作以后。我累积参加过 15 次宁波市组织的心理健康教育论文评选活动，获得了 7 次一等奖、8 次二等奖。在中学工作时，我每年要求自己认真写 4 篇文章。除了写一篇心理健康教育论文，还要写一篇宁波市中小学德育研究会组织的"德育热点大家谈"的征文，写一篇参加浙江省优秀教育教学论文评选的论文，写一篇参加浙江省教师读书征文活动的读书心得。其他的文章，不作硬性规定，有想法时想写就写，不写也无所谓。

一年认真写 4 篇文章，听起来这个要求好像也不低。但是，把任务分解后，再加上合理分配时间，完成起来也很轻松。作为一名心理教师，我一年写一篇学科方面的论文很轻松；写一篇"德育热点大家谈"的征文，相当于写一篇命题文章，也没有什么难度；寒假期间写好一篇论文，开学后就可以参加浙江省年度优秀教育教学论文评比了；暑假时间充裕，我就利用这段时间用心写一篇读书心得，参加浙江省教师读书征文比赛。

我写的这些文章都是和自己日常的教学、思考的问题、阅读的书籍结合起来的，并没有给自己增加太多的麻烦。我每年都非常用心地写这 4 篇文章，不仅积极参加了活动，也检验了自己的认识和思考水平。最终，我每年的产出远不止这 4 篇文章，少的年份有 20 篇各类教育文章发表或者获奖，多的年份甚至还超过了 50 篇。

二、需适当借鉴样本

借鉴优秀文章是教师写出称心文章，提高写作水平的重要途径之一。

刚开始，我对写读书心得也毫无头绪，最初几年参加浙江省教师读书征文比赛，往往一无所获。后来，我有意识地留意别人发表出来的读书心得，看看对于同一本书，别人是从哪些角度写的。经过一段时间的训练，2010 年，我终于在《教育信息报》（现更名为《浙江教育报》）上发表了我的第一篇读书心得。至今，我已发表了五六十篇读书心得，其中有好几篇还占据了《中国教育报·读书周刊》教师书房版面的头条。另外，我也有 10 多次在省市各类教师读书征文比赛中获得一等奖。

很多教师写文章时习惯于从普通网站上找文章借鉴、学习，这是远远不够的。普通网站上的东西，质量往往参差不齐。借鉴差的样本，自己写出来的东西只会更差。因此，教师一定要注意选择样本，择优而学。普通网站上资源有限，教师不妨把重心放在专业网站以及专业刊物上。

教师可以经常翻阅一些学科专业性刊物和综合性教育类刊

物，看看同行在写什么样的文章、本学科有哪些关注点、现在的教育热点问题有哪些、不同类型的文章是怎样写的。每年当地的学科论文评选结果公布后，不妨看看那些获奖的文章在关注哪些问题，如有可能的话，找找获奖文章的全文，看看人家是如何组织文章内容的。

通过用心借鉴别人的各类好文章，自己也会逐步摸清教育写作的门道。

三、需平时积累素材

写一篇文章，表面上看是一阵子的事，实际上其背后体现的是长期的积淀。教师不妨结合对自己定的要求，有意识地拉长写作时间，多积累，多收集相关的素材。看到期刊或书中感兴趣的内容时，还可以做些摘录。这些素材，既可以成为写文章的材料，又能进一步激发自己的深层思考，提高文章的质量。

很多学科每年都会在固定时间评选论文，这已经成为惯例。教师想参加论文评选，至少可以有一年的时间用心准备。但现实中，很多教师往往是在论文截止提交的前几天才匆匆忙忙去思考、去动笔，像这样仓促写出来的文章究竟有多少含金量，自然可想而知。一般来说，如果教师能提前三个月就开始谋划一篇论文，认真收集资料，斟酌遣词造句，那么写出来的文章肯定比赶出来的文章好得多。有条不紊地规划写好一篇论文，也根本谈不上影响本职工作。

我原先在中学工作时，每年 6 月，看到宁波市中小学德育研究会发布的"德育热点问题大家谈"的征文主题时，就立马开始考虑文章写作的事，再充分利用暑假的时间完成征文初稿，9 月进行修改后上交。因此我每年提交的征文稿子质量都比较高，也多次获奖。

无积累不成文。想写出好文章平时就要多积累，最后的成文只是"最后一公里"的工作。其实，为了真正写好一篇教育教学论文，平时所做的准备也是可以纳入自己整体的教育教学工作中的。因为这样做，不仅能写好教育教学论文，而且能改进自身的教育教学工作，提高教育教学的质量。

厘清论文写作
的四个步骤

　　客观地说，在中小学教师群体中，真正喜欢写论文的教师不会太多。尽管现实中有不少教师在认真写论文，但有可能也是被"逼"出来的。如果职称评审、名优教师评选不需要论文这项条件的话，那么论文在中小学教师那里自然就更没市场了。这大概也是很多教师在评上副高以后就"封笔"的原因。

　　虽说中小学教师在读大学时都写过课程论文或毕业论文，但走上工作岗位后，很多教师都声称自己不会写论文。我每年都会写不少教育文章，不过论文往往是写得最少的。一方面，真正写好一篇论文需要耗费很多时间；另一方面，多写论文好像也没必要。我平时写得最多的是随笔类教育文章，包括读书心得等。写教育随笔，我花的时间很少，有时花一个多小时写出来的文章就能公开发表。但要写好一篇高质量的论文，可能就要花很长时间。

在我看来，教育论文是一种特定的教育文体，想真正写好，还真的是"工夫在诗外"。一篇好的教育论文依赖于教师本人对教育实践的思考和感悟、对相关资料的搜集和整理，以及必要的教育写作基本功等。如果某位教师平时对某个问题有思考，并注重参考资料的积累的话，在条件成熟的时候，写出一篇相对不错的论文也不会是难事。反之，如果平时没有积累，也不知道写什么好，要想在短时间内写出一篇好论文，自然非常困难。比如，每个学科每年都会有论文评比活动，如果一个有心的教师，对某个问题感兴趣，提早一年进行准备，一边积累资料，一边在实践中探索，那么等需要提交论文的时候，写出来自然就会比较容易；如果一个不用心的教师，平时没有准备，也没有思考，那么在需要提交论文的前几天出现抓耳搔腮、写不出论文的现象也就不足为奇了。

尽管我很少写论文，但我不怕写论文，因为我有长期阅读、思考、积累资料和写作的习惯。可以说，我时刻都在为写论文准备着。

当然，不同的教师有不同的论文写作路径。以下四个论文写作的步骤是我在20多年的教育写作经验中形成的个人看法。

一、进行文献检索

无论是写经验总结型论文，还是写理论结合实践的探讨型论文，要想让写出来的论文有价值，都需要先进行文献检索。文献检索的目的在于，看这个主题别人有没有写过，写到了什么程度。不然，等你辛辛苦苦把论文写好，一查资料却发现别人早就写过了，甚至比你写得好很多。即便这篇论文并不一定要发表，但这样的写作就有点低水平勤奋的感觉了。教师工作繁忙，应该避免这种低水平勤奋。打算写一篇论文，就要把这篇论文写得有价值、有意义。

二、搭好文章框架

正所谓搭好四梁八柱，才好进行内部装修。在写论文的时候，论文的标题不必事先精准确定，而是可以随着论文写作的进度再具体调整。

我在写论文时会先根据写作的思路大体搭好框架，初步确定大标题和小标题。这样几乎就有一种大功告成的感觉了。标题的表述要考虑论文的整体思路，最好还要"吸睛"，并做到对称，让人看起来有一种非常愉悦的感觉。当然，平时写随笔就不需要这么"费心费力"了。

论文的大小标题如何确定呢？以我在 2021 年宁波市"教育的活力"论文评比中获得一等奖的论文《"啃读挑战"搅动区域教师阅读一池春水》为例进行说明。这篇文章的三个大标题分别是："一、现象：'啃读挑战'逐年升温值得关注；二、透析：'啃读挑战'激发教师成长活力；三、思考：'啃读挑战'值得持续深入研究。"在第一个大标题下面，我又拟好了三个小标题，分别是："（一）'啃读挑战'：难不难让事实说话；（二）'啃读挑战'：值不值让教师选择；（三）'啃读挑战'：好不好让外界评价。"在第二个大标题下面，我还是拟了三个小标题，分别是："（一）助力直接参与者走出成长'舒适区'；（二）举行区域分享会扩大阅读'朋友圈'；（三）通过提供附加值增强教师'获得感'。"在第三个大标题下面，我依然拟了三个小标题，分别是："（一）'啃读挑战'可以采用多种实施方式；（二）'啃读挑战'可以激发教师成长活力；（三）'啃读挑战'可以有效推动全民阅读。"

这篇论文的三个大标题相互之间有一定的逻辑性，并且文字也非常对称。每个大标题下面的三个小标题都整齐划一。要拟出来这样的标题，一个非常重要的前提条件就是要对"啃读挑战"这个活动非常了解。这个活动由我发起，并一直由我负责其运作，因此，我能拟出这样的标题。

三、完善论文内容

初步搭建好文章的框架后，接下来就相当于做"完形填空"了。继续以《"啃读挑战"搅动区域教师阅读一池春水》这篇论文为例进行说明。因为我对"啃读挑战"非常熟悉，平时也积累了大量的资料，所以我能很轻松地在每个小标题下面组织相关的内容。在写作具体文字的过程中，我们还可以继续检索相关资料，比如相关的理论、相关的案例等，看看是否能作为论据来支撑我们的观点。在写这篇论文时，我继续查找了一些有关全民阅读的最新资料，对"啃读挑战"如何更好地助力全民阅读进行了深入思考。

四、精心修改论文

很多人都认同这样一句话，即好文章不仅是写出来的，更是改出来的。毫无疑问，精心修改是写出一篇好论文的必要前提。如果论文写完，不急着提交的话，就可以再打磨一下，仔细思考文章的逻辑结构是不是可以进一步完善，语言、大小标题是否还能提炼得更好，认真检查语句是否通顺、是否有错别字等。

2022年上半年，我发表了多篇与"啃读挑战"活动相关的论文。这些论文基本上都是在2021年下半年写的。因为我对"啃读挑战"的实践有很多感悟，也积累了很多素材，所以我在写相关论文的时候，自然就很顺利。

假如我们写好论文以后不知道该如何修改，这时便可以给自己信任的前辈、同行以及有经验的教师看看，听听他们的意见。常言道，常问路的人不会迷路。当自己深陷迷局无所适从的时候，局外人的一句点拨或许就会令你茅塞顿开。

积极参与
写作后的投稿与参评

    教师写出的各类文章，如果能发表或者获奖的话，自然就增加了这些文章的"附加值"，而且对于教师来说，这也是一种莫大的鼓励，能进一步增强他们的信心以及激发他们持续研究的热情。我曾听区内某校的领导说起，该校的一位年轻教师原先表现很普通，自从一篇读书心得获得宁波市一等奖之后，整个人都"闪闪发光"，不仅变得非常有自信，也更追求上进了。这位年轻教师，读了成尚荣先生的《儿童立场》之后，写了一篇读书心得《让儿童站在正中央》。这篇文章后来在宁波市教育系统第七届读书节教师读书征文比赛中获得了一等奖，全市总共只有12篇一等奖。获奖证书上盖的是宁波市教育局的章，可见这张证书的含金量很足。

    对于某些知名教师而言，他们的文章并不愁发表，因为很多教育媒体的编辑都会向他们约稿。他们甚至还会自嘲"文债"太多，或许这种自嘲在那些找不到发表渠道的教师看来，简直太"凡尔赛"了。但现实就是如此，那些知名教师的写作能力也是一点点锻炼出来的，编辑之所以青睐他们，一是因为他们观点成熟、文笔干练，二是因为他们影响力大、读者比较多。

一方面，不少教师拿着文章却无处发表；另一方面，刊物希望能刊发优质稿件，但又面临着缺乏好稿件的无奈。我曾看见一位编辑在微信朋友圈里吐槽：看了两天的邮箱了，没有一篇让我眼前一亮的稿子，心情好差，需要安慰！换个角度一想，如果你的稿子能让这位编辑眼前一亮，是不是就可以顺利刊发了呢？

教师想要发表文章，先得摆正位置，学会"投其所好"。这句话并不是说教师为了发表文章，要刻意降低自己的身段，去巴结讨好编辑，而是说在投稿的时候，教师要学会换位思考。每家刊物都有不同的栏目和用稿特点，只有你的文章符合刊物的要求，才有可能进入编辑的"法眼"。

因此，教师在文章投稿前要做的一项最基础的工作，就是研究不同刊物的用稿特点，看看自己的文章适合发表在哪些刊物上。有些教师经常在网上向别人咨询某些刊物的投稿邮箱，以便自己投稿。像这样不管刊物用稿特点，胡乱把稿子投出去，最后的结果往往都是石沉大海。换句话说，如果教师认真研究了某刊物的用稿特点的话，自然会找到该刊物的投稿邮箱，而不用在网上到处找别人问了。

据我了解，有些刊物发表的文章不需要内容摘要、关键词和参考文献，而有些刊物在这方面的要求非常高。要是你的文章没有内容摘要、关键词和参考文献的话，你向这方面要求比较严格的刊物投稿，你的文章自然就成为被嫌弃的对象。整体而言，与投稿的教师相比，刊物编辑拥有的主动权比较大，他们是不会在与本刊物不匹配的文章上投入太多时间和精力的。

如果一位教师想在某刊物上发表文章，那就应该把这份刊物上前前后后近一年的文章都认真读一遍，揣摩上面已经发表的文章的特点。经过这样一番研究后，如果教师发现自己写的文章非常切合它的风格，那么在上面发表文章也就不是梦了。遗憾的是，在现实中，能做好类似这样的基础工作的教师并不多。能坚持这样做的，发表几篇文章自然也不会是难事。也正是因为如此，教师手头拥有几份专业刊物是很有必要的，这些专业刊物既包括综合性教育类刊物，也包括学科专业性刊物。

教师在投稿的时候一定要注意以下几点。

一是文章的编排要规范、清楚。文章的标题要加粗，看起来特别醒目。要注意正文字间距，一般是 1.5 倍行距或者 24 磅左右。再者，字体也不能过小，看上去要让人很舒服。当然，这些都是投稿时在刊物没有格式要求的情况下的操作。如果刊物标明了稿件的格式要求，那就一定要严格按照要求调整自己的文章。

二是在邮件上不要吝啬写上几句客气话。比如：编辑老师，这是本人关于某方面文章的投稿，请指正等。这样说的原因在于，你和编辑老师并不认识，直接把文档作为附件发过去，不说任何话，会显得有点突兀，缺乏礼貌。

三是要避免群发。有些教师为了增加投中的概率，往往喜欢一稿多投。最尴尬的是，在群发邮件时候，忘记选择分别发送。这就导致某家刊物的编辑也能看到他投了其他刊物。这么不真诚的行为，相信没有一个编辑会喜欢。一旦编辑从心底里不愿意认真对待你的稿件了，自然也就没有耐心好好看了。

四是和编辑的互动不要太频繁。投稿的教师总是希望能早点知道投稿的结果，但编辑部都有自己的工作流程，编辑自身也有大量的工作要处理。因此，投稿的教师不要过于频繁地打扰编辑。如果到了一定的时间节点，比如快到三个月的时候，也可以问一下。当然，如果教师因为投稿与编辑熟识以后，就不用这么拘小节了。

教师在研究某些刊物的时候，可以关注一下这些刊物的微信公众号。我关注的就有《中国教师报》《教师博览》《中小学德育》等刊物的公众号。以《教师博览》的微信公众号为例，上面会公布刊物的栏目及投稿邮箱，发布主题征稿信息，并会定期发布刊物的目录。2021年9月，我在《教师博览》微信公众号上看到关于"双减"之下，"如何进一步有效缓解教育焦虑？"的专题征稿信息后，就写了一篇文章，并顺利在《教师博览》（中旬刊·原创）上发表。

至于文章参评，不同的区域有不同的情况。有些论文评选的时间是固定的，比如各级教研室组织的学科论文评比，每年都是差不多的时间。因此，教师要是想参加学科论文评比的话，要尽早谋划，多关注本学科专业刊物，了解本学科当下的热点问题。这样一来，写出来的文章质量也会高一些。参加相关的评比，获奖的概率就会大一些。不过，关于学科论文评比，每个学校都有一定的参赛限额。有些学校教师参加的积极性高一些，因而很多教师要轮着才能参加。有些学校教师参加的积极性低一些，教研组长甚至要做很久的工作，鼓励教师参与，才能完成任务。如果是第一种情况，你也不用灰心。机会总是垂青有准备的人。你趁早准备，写出来好文章，即便没机会参评，也可以去寻找其他投稿的机会，这一点是没人能限制你的。有些教师能做到参评和投稿的有机融合，获奖的文章往往也能发表出来。

此外，各地也有其他的主题论文评选。比如，近年来，长三角地区每年都会开展一次"黄浦杯"长三角城市群主题论文评比。各城市会先组织评选，再从中选出优秀论文参加长三角的评比。论文的主题每年都会有变化，如 2020 年的主题为"创新视角下的教育现代化"，2021 年的主题为"教育的活力"，2022 年的主题为"温暖的教育"，2023 年的主题是"失败与创新"。教师如果有意向，看到相关的通知后，就可以结合规定的主题来写论文，积极参与评选。

写出来的文章无论是用来投稿还是参评，都需要教师精心准备，提前谋划，这样才能让自己的文章有更多出彩的机会。

写出有价值的
教育叙事

　　认真阅读了吴松超的《给教师的68条写作建议》一书后，我很受启发。作者认为教育日记、教育叙事、教育随笔，尽管在叫法上有所不同，但都以每天的教育生活为观察、感受和记录对象。把教育生活中有感触的事情记录下来，对教师而言，是一种积累、沉淀。"能写出来，必然就会思考，通过'咀嚼'甚至是'反刍'，事情背后的一些道理自然会透析出来，成为自己成长的精神营养。"这样，教师工作的乐趣，会在写作中被发掘；教师自身的价值，会通过写作而更加凸显。

　　值得注意的是，教育叙事文章中不是光有叙事就行了，还要对叙事文本进行解读。目前，不少教育刊物都有叙事栏目，教师不妨多看看。一方面，教师可以学习教育叙事文章怎么写；

另一方面，教师也可以在解读文本中更好地理解教育叙事文章的价值所在。

一线教师如何才能写好教育叙事呢？我认为，教育叙事没有统一的模式，但必须要注意以下三点。

一、教育叙事要真实

教育叙事是教师用自己熟悉的语言讲述自己熟悉的故事，而这个故事必须是真实的。因为教育叙事是非虚构写作，所以真实性是教育叙事的立足之本。由于教育叙事不能脱离真实的教育生活，所以教师需直面自己真实的教育经验，展现教育中的真实场景和真实问题，进而不断剖析问题，找到解决教育问题的方式、方法。教师可以利用教育叙事，不断促进自身的专业成长，获得职业幸福感。读者看到这样真实的教育叙事，也能找到某些可供借鉴的地方，从中受益。

有人认为，教师写教育叙事，其实就是在故事的讲述中表述自己在实践中的亲身经历、内心体验和对教育的理解感悟。当然，这个故事可以是自己亲身经历的，也可以是对自己产生过重要影响的其他人的故事。关于教育叙事的分类，不同的研究者有不同的说法，但大体上可以分为教学叙事、生活叙事和自传叙事。教学叙事也可以进一步延伸为班级管理叙事、课程叙事、自传叙事等。自传叙事，其实就是个人教育史，华东师范大学刘良华教授就曾写过《教育自传》一书。

我们要警惕写出"罗曼蒂克"的教育叙事。所谓"罗曼蒂克"的教育叙事就是，教师在讲述自己的故事时，会把自己"神"

化，面对经常令自己头疼，不知如何教育的学生，往往通过自己几次真诚的、具有针对性的谈话，就把学生"改造"得一点毛病都没有了，而且这些毛病或者缺点还不会复发。这样的教育叙事文章，将教师自身进行虚假拔高，将复杂的教育简化了，因而它的价值就饱受争议。

二、教育叙事要有可读性

如何权衡自己的教育叙事写得好不好呢？一条很重要的标准就是具有可读性。如果写出来的教育叙事文章像记流水账一样，没有故事情节和细节，读起来味同嚼蜡，分分钟想弃读，那么这样的教育叙事一定是写得不好的。大家都知道，教育是由点点滴滴的小事构成的，是充分体现了师生之间的温情互动的，也就是说，教育中是充满了细节的。好的教育叙事一定是关注细节的，在细节中体现很多教育问题、教育方法、教育理念。

有研究者指出，教师写教育叙事不能仅仅停留在对教育故事的简单化叙述上，还需要对某些极具教育意蕴和教育价值的细节进行细致刻画和深度描写，使教育场景中的自身和受教育者的内心情感体验通过故事的描写自动彰显出来，并在第一时间引起读者的情感共鸣。因此，我们在写教育叙事的时候，一定要注意挖掘具有教育意蕴和教育价值的细节，通过简单平实的语言将这些细节环环相扣、娓娓道来，让人读起来有一种耐人寻味的感觉。

三、教育叙事要有意义

教师写教育叙事的时候，一般采用夹叙夹议的方式，把自己的思考和情感融入故事中。上面已经提到过，我们要避免在写教育叙事时把自己"神"化的倾向，除了讲述自己的成功，还要直面自己的失败。有时，一些失败的经历或教训，读者更容易感同身受。

写教育叙事时，讲述教育故事固然重要，但更需要基于自身理解对教育故事的内在教育意义进行阐释。

实际上，很多教育叙事文章都缺乏深度的理论剖析，写作者仅仅把研究停留在故事描绘层面上，淡化了故事背后的意义建构或解释性理解。我们需要记住的是，意义性是教育叙事的根本属性，也就是说，我们所写的教育故事中蕴含着一定的教育意义，能够给人以启发。讲故事本身不是目的，它只是表达教育意义的手段。故事一定要体现作者对教育事件和叙事材料的思考与理解，反映作者的教育价值观和教育哲学。

一步步走上
课题研究之路

教师，既可以做自娱自乐的自助式研究，也可以正儿八经地申报各类立项课题。这里的"立项课题"主要指的是县（市、区）级以上的课题。对于教师而言，拿到县级以上的课题结题证书或者成果证书，会在职称评审或名优教师评选中有一定的优势。有些学校的校级课题也弄得很正式、很规范，虽然这样能给学校带来浓郁的科研氛围，但与立项课题相比，两者还是有很大的区别。

因此，对于有意向申报县级以上立项课题的教师而言，如何一步步走上课题研究之路呢？

一、做好申报课题的准备

在申报课题之前，教师要对自己申报的课题门类有清晰的认识。各地在课题管理上可能有不同的方式，但主要有两类课题，一类是教科规划课题，由各地的教科部门（教育科学规划领导小组办公室，简称规划办）管理；另一类是教研系统课题，由各地教研部门落实管理。除了这两类课题，教育业务部门主要还有教师教育课题和教育信息化课题。此外，有些学术团体、共青团少先队系统也会有部分立项课题。一般情况下，这些课题属于集体课题，即申报人要组建一个课题组进行申报。有的地方，还会有一些面向教师个体的专项课题或者小课题。比如，宁波市教科所的学校德育研究专项课题和课程与教学专项个人课题，教师个人就能申报。

不管哪一类课题，一般都是通过学校向上申报的，由学校教科室负责。也就是说，教师要通过学校教科室申报各类规划课题，因而要与教科室负责人及时沟通。由于各类申报的课题都是有限额的，所以学校需要统筹安排。一般来说，课题级别越高，指标数越少，要想成功立项就更难。比如，宁波市教科规划课题，近几年镇海区每年的申报指标数一般为12项左右，因此各学校申报的课题，还需经过区级遴选才能上报到市里。而省教科规划课题，分配给区里的指标就更少了，各学校申报的课题必须经过区级遴选、市级遴选，这样才能上报到省里。

教师和学校教科室负责人沟通并确定申报课题后，接下来就是选定课题，填写课题申报表了。不同类别或者级别的课题申报表可能有不同的填写内容，但基本上都要关注以下几个方面的内容：一是研究背景和意义；二是文献综述，也就是对国内外相关研究状况的了解；三是研究目标、研究内容和研究方法；四是现有的研究基础或相关的支持条件等。申报表一般需要填写 3000 到 5000 字的内容。

申报表具体怎么填，可以参考下发文件的详细要求。除此之外，费岭峰的《怎么做课题研究——给教师的 40 个教育科研建议》、李冲锋的《教师如何做课题》、黄建初的《走向实证——给教师的教科研建议》等著作，都有较详尽的论述，建议大家可以读一读。

二、扎实开展课题研究

申报课题的教师通过学校上交课题申报表后，相关课题管理部门一般会在两个月以内做出课题是否立项的决定。一般而言，并不是每一个申报的课题都能成功立项。对于教师来说，做研究最重要的价值在于改进工作和提升自我。不过，从课题管理者的角度而言，出于选题价值、研究基础等多方面因素的考虑，那些缺乏研究价值的课题就会被淘汰。要是申报的课题没有被立项，申报者也不必气馁，自己依然可以采用"草根研究"的方式继续深入研究，等以后有机会时再申报。

成功获得立项的幸运儿，则需要按照相关课题管理部门规定的流程和时间节点，比如准备开题报告，接受中期检查等，扎实开展相应的研究。

开题报告会由课题负责人自行组织，一般都会邀请相关的教科专家出席。开题报告的意义在于：一方面，可以进一步论证课题的研究价值和研究方向；另一方面，这也是加强课题研究过程管理的一个必要环节。按照课题管理部门的规定，获得课题立项的负责人要在三个月内开好开题报告会。在开题报告会之前，课题组要组织人员写好开题报告。开题报告可以在申报书的基础上撰写，内容比申报书更详尽，侧重于对课题研究实施可行性的分析。因为课题获得立项后，就进入了实施的阶段。开题报告的主体内容一般包括研究背景、研究意义、研究目标和内容、研究方法、预期研究成果、研究的支持条件等。

课题的中期检查也是由课题管理部门负责的。一般而言，设区市的课题管理部门，会统一对各县（市、区）和直属单位的立项课题进行中期检查。中期检查的目的，一是加强对课题研究过程的指导，二是督促课题负责人认真开展课题研究。

课题立项后，负责人要注重过程研究，不能平时搁置一边，而到了需要结题的时候，匆匆忙忙应付了事。这样就会变成别人诟病的"重两头，轻过程"，也就是重视立项和结题这两头，轻视研究过程。也正是因为如此，在有些教师看来，课题研究也就那么回事儿，都是少数人闭门造车搞出来的。虽然有人申请到了被视为课题天花板的教育部规划课题，但要是不认真对待，未能按期结题的话，也是会被撤项的。高级别的课题结题需要达到一定的条件，比如在核心期刊上公开发表论文等。要是课题负责人不重视研究过程，自然就很难取得相应的研究成果。

三、准备结题参加评审

到了研究尾声或者相应的时间节点，课题负责人就需要对课题研究的过程进行总结，完成研究报告，申请课题结题。有机会的话，还可以争取参加成果评审。宁波市教科所的教科规划课题，结题和成果申报是同步进行的。宁波市教研室的教研系统课题，则需要先办理结题手续，课题正式结题后才能参加成果评审。

最终的成果申报材料主要由研究报告（主报告）和附件（支撑材料）组成。教师要重视研究报告的质量，因为这是成果评审中最主要的依据。研究报告要突出实践的过程和研究的成效。这就相当于足球场上的临门一脚，非常关键。现在，有些地方对成果申报材料也提了一定的要求，比如，支撑材料除公开发表的直接相关的论文外，其他内容不能超过 50 页。因此，我们需要对支撑材料进行精选，最好是放一些能说明研究成效的材料，为研究成果添色。

一般而言，课题的研究时间是 1—3 年。比如，宁波市教师教育课题的研究年限为 1 年，宁波市教科规划课题的研究年限为 2—3 年，宁波市教研系统课题的研究年限为 2 年。由于种种原因，在规定的时间内，课题负责人不能完成研究任务的话，还可以申请延期结题，但一般最多只延 1 年。

不是所有结题的课题都能在评审中获奖。比如，宁波市教科规划课题的成果评选，获奖率一般在 70% 左右。这也意味着，总有部分课题获不了奖。

虽然课题结题了，但研究是可以继续开展的。以宁波市为例，原先获得二等奖以上的成果，今后进行进一步研究和推广的，两年以后可以继续参评优秀成果奖。

考虑到一线教师真正能够获得市级以上立项课题的机会并不多，镇海区教科所为了让更多教师有参与规范课题研究的机会，开设了镇海区教育科研规划课题、镇海区教育学会课题、镇海区教师教育课题这三项常规的年度集体类课题，并对应市级课题开设了镇海区学校德育研究专项课题、镇海区课程与教学专项个人课题这两类个人课题。不少教师正是在踏踏实实地开展区级课题研究的过程中，取得了研究成果，提升了研究能力，从而走向了更高级别的课题研究之路。

科学有效地
提炼课题研究成果

到了各级各类课题的结题阶段，教师就需要提炼研究成果，这是一个必不可少的环节。但提炼研究成果又是不少教师的短板。我参加过不少课题的中期检查和结题指导工作，发现不少教师的汇报材料缺乏必要的总结提炼，看起来就像是工作总结或工作汇报，总感觉缺乏一点课题研究的味道。

有科学价值的经验总结一般要经过教育经验事实的积累、筛选和理性提炼三个阶段。第三个阶段在教师的研究中占有十分重要的地位，如果教师在这方面的能力不强或者方法不对，研究的整体水平自然也会受到影响。这让我想起了以前的某句广告语：没声音，再好的戏也出不来。

因此，教师要学会使用课题研究方面的术语，善于从具体的材料中提炼出具有一定"研究味"的观点。研究，扎扎实实地做；成果，认认真真地提炼。课题研究的成果最后是需要用文字表达出来的，这是课题研究的"最后一公里"，是非常值得引起关注和思考的。

如有可能的话，教师可以多关注一些高级别课题或者获奖课题的研究报告，看看这些研究报告在成果的提炼上有什么特点，好在哪里，自己在总结提炼时又应该注意些什么。

我曾负责过多项研究课题的执笔工作，因而对提炼教科研成果的重要性和挑战性有切身的认识。为了提高自己的总结提炼水平，近年来，我也阅读了不少教科研方面的著作，并注重运用到具体课题的成果提炼中。经过反复实践，我对如何提炼教科研成果有了一些自己的思考和感悟。

目前，在很多教科研著作中，尽管都提到了课题研究报告中成果提炼的重要性，但关于如何总结提炼成果的描述却不多。综合一些教科研著作中的阐述、各类获奖成果的表述以及我自己的实践体会，我认为，在教科研成果提炼上，值得关注以下几点。

一、一个前提：提炼出来的成果要和目标对应

在提炼教科研成果时，很重要的一点就是要首尾呼应，即取得的研究成果要和原先的研究目标对应起来，这样才能说明研究取得了预期的成效。如果研究成果和研究目标八竿子打不着的话，这说明研究的逻辑是很混乱的，并没有真正发挥研究的价值。

二、三个角度：成果提炼可以从哪里发力

就一项研究来说，成果的提炼可以从这三个角度进行。

一是研究本身取得的成果。常用的表达是：通过本项研究，优化了××活动，构建了××模式，探索了××路径，丰富了××资源，形成了××策略。这些做法本来就是散落在研究过程中的，经过总结提炼后，读者对该研究本身取得了哪些成果就一目了然了。

二是研究对象发生了什么变化。如果课题的研究对象是学生，那么通过本项研究，学生发生了什么样的变化，有哪些方面的成长。如果课题的研究对象是教师，那么通过本项研究，教师又有哪些进步，哪些方面发生了改变等。

三是研究者自身的变化。比如，研究者通过本项研究，自身的观念、行为方式发生了哪些变化，以及在这项研究中有没有发表相关论文、有没有成果获奖等。

在提炼成果时，固然可以提学生发生了什么变化，教师发生了什么变化，学校发生了什么变化，但有一点必须注意，这样的表述一定要和研究主题相关，否则就沦为套话，放到哪一个课题上都能用。具体的课题还是得多一些独特而具体的表述。

总之，我们需要重视课题研究成果的总结提炼，因为它会在很大程度上影响评奖的结果。

三、两个结合：成果的表述要注意细节

在成果的表述中，做到这两个结合非常重要。

一是做到文字和图表相结合。有些内容很难用文字表达，但通过制作结构图或表格就可以表达得很清晰。同时，图文结合可以让文本更加直观、美观。值得注意的是，我们在表述成果时也不宜过多地使用图和表格，不然就有点喧宾夺主的感觉了。如果缺乏对观点的提炼，缺少血肉，也会影响阅读。因此，图文结合最好能在恰当的地方使用，毕竟有些内容还是需要精准、洗练的语言来表达。

二是做到文字和数字相结合。比如，我们可以总结在此项研究中共开设了几节公开课，发表了多少篇论文，录制了多少节视频，得到多少次媒体的关注等。这些实践成果，适当使用数字表述的话，分量就更突出了。特别是用文字和数字表明研究对象和研究者本身发生的变化时，更有意想不到的效果。

以我获得2017年宁波市教育科研优秀成果奖二等奖的《基于"教科团队"推动区域教师阅读的实践研究》为例，来说说我是如何提炼教科研成果的。

针对研究成果本身，我提炼出以下三点：一是形成了区域教科团队建设的"三三"策略；二是探索出促进区域教师阅读的借力三法；三是形成了开展区域教师读书活动的四个环节。其中，"三三"策略，就是形成"教科骨干""教科中坚""教科新苗"三结合的教科读书团队，发挥好组织者、示范者和引领者三结合的作用。"借力三法"，就是向作者编者、专家学者、身边行者借力推动教师阅读的方法。"四个环节"，就是形成了区域发动、学校组织、教师参与、区域表彰这样一个具体的工作闭环推动区域教师阅读。

针对研究对象——教师，我提炼出以下三点：一是打造了一支区域教师的领读团队；二是有效点燃了区域教师的读书热情；三是扩大了区域教师阅读的影响力。我还通过区域教科团队组建前后，镇海区在浙江省两项读书征文比赛上的获奖数量的鲜明对比，来说明本研究的成果。

　　我对该课题成果的总结提炼基本上是符合上述的"一个前提""三个角度""两个结合"的。

第五章

避开常见的研究误区

你是否陷入了
阅读的舒适区

央视《百家讲坛》主讲人、上海开放大学教授鲍鹏山在《中华读书报》"枕边书"系列的一篇文章中提到，他读得最多的书，就是和他研究和写作相关的专业书。鲍鹏山教授的这个观点充分说明阅读在教师做研究中的价值所在。

中小学教师做教育研究的眼光、判断力与阅读是密不可分的。我们可以这样说，阅读是做研究的基本前提。在阅读这件事上，教师不能率性而为，而是要走出三个方面的舒适区。

一、走出阅读数量上的舒适区

一些调查显示，教师阅读的数量并不多，和其他行业相比差别并不大。那么，教师一年要读多少本书才合适呢？关于这个问题，很难有一个标准的答案。但我认为，教师承担着教书育人的使命，因而他们一年的阅读量不能低于其他行业的普通工作人员的平均阅读量。

据全国国民阅读调查显示，2019 年成年国民人均纸质书阅读量为 4.65 本，2020 年为 4.70 本，2021 年为 4.76 本，2022 年为 4.78 本。参考这个数据，作为教师，我们一年阅读的纸质书应该不少于 5 本，这样才不会在阅读量上拖全国人民的后腿。

全国国民阅读调查还显示，成年国民一年阅读纸质书 10 本以上的，约占一成。我觉得，优秀教师应该向这一成比例的阅读者看齐。

众所周知，教师的工作非常忙碌，那么他们一年能读完 10 本纸质书吗？我举个身边的例子。宁波市镇海区"研之乐"读书会从 2018 年开始就发起了"每月啃读一本书，用心写就千字文"的"啃读挑战"活动，从开展的情况来看，绝大多数参与者都能完成全年至少阅读 12 本书的任务。

不少完成任务的教师在年度小结中提到，自己平时该做的工作一样没少，没想到居然还能有这么大的阅读量。这说明，教师经常说的"工作忙""没时间"的问题是可以突破的。一旦教师养成了阅读的习惯，时间也就像海绵里的水，挤挤就出来了。

当然，教师的阅读基础不同，在数量上的舒适区也不同。对于那些阅读基础比较好，平时就很喜欢读书并且阅读量很大的教师而言，一年 10 本书简直就是小菜一碟；而对于原先基本没有养成阅读习惯的教师而言，完成任务的难度就非常大了。

"啃读挑战"活动让教师的阅读有了目标导向，有了群体压力，能使教师快速走出舒适区，提升阅读量。

教师可以将 10 本书作为自己的年度阅读目标，也可以根据自己的实际情况，确立一个"跳一跳，摘桃子"的目标。不管最后设置哪种目标，都需要付诸行动，这样才能让阅读真正助力教师的专业成长。

二、走出阅读品质上的舒适区

阅读不能单纯追求数量，还要追求品质，特别是阅读内容上的品质。

著名散文家、新闻理论家梁衡认为，阅读有六种基本追求，即追求刺激、休闲、信息、知识、思想和审美。这六个层次由低到高，反映着人们不同的文化程度、修养状态和价值取向。前三个层次属于为了眼前实用而读的，维持人的浅层精神需求，属于消费型阅读；后三个层次属于为了长远和根本性的提高而读的，维持人的高级的、深层的精神需求，属于积累型阅读。

梁衡关于阅读的这些观点是针对大众而言的。我认为，教师要提升阅读品质，必须在积累型阅读上下功夫，也就是要重视教育教学上的专业阅读。

不少教师谈到"专业阅读"就神色慌张，总觉得教育理论或者学科专业书籍晦涩难懂，读下不去。但是在"啃读挑战"活动中，很多教师第一次接触到专业阅读并好好"啃"过几本专业书籍之后，对教育理论就不再犯怵了，有的人甚至觉得读了很受启发。

我曾在某一年的寒假读了《大江大河》四部曲，总字数超百万字，花了不少时间。平心而论，读这类文学小说基本上没什么挑战性。和一本薄薄的教育理论书相比，两者的相同点就在于都需要耐住性子慢慢"啃"。

在教育专业书籍中，教师最喜欢阅读案例型的书，因为这类书最生动、最容易懂。但只读案例，教师是不会有进步的。特级教师闫学送给教师的读书建议是，只有"有坡度"的阅读，才能对教师的成长真正有用。教师阅读经典作品的过程就像爬坡，花费大力气才能读有所获。"人民教育家"于漪也寄语年轻教师：读点"磨脑子"的书，做立德树人的"大先生"。

除此之外，教师在提高自己的阅读品质方面也要有一定的规划。以一年阅读12本书为例，这12本书的类型不能是单一的，不能全是一口气可以读完的休闲娱乐书，还要适当考虑这12本书的内容结构，安排若干需要"啃"的"硬书"，难易结合，才能既有效率，又有质量。

三、走出阅读产出上的舒适区

教师的阅读是一种职业性阅读，要注重读以致用，将阅读和专业成长结合起来。教师通过阅读，不仅能拓宽教育视野，还能提高教育教学、教育研究的水平。教师阅读最明显的效果还在于教育写作水平的提高。

教师在阅读过程中撰写读书心得，就是一种有益的写作实践。读写结合，既有阅读的收获，也有练笔的功效。但在现实中，很多教师并没有养成阅读后写读书心得的习惯，少部分教师遇到感兴趣的书才会随手写一写心得。

从功利的角度来看，写读书心得的重要性不及论文，因而很多教师不想写读书心得。想写论文，但又不会写。不会写论文的背后，往往是缺乏专业阅读和写作实践。因此，教师需要多写，以写促读，读写结合就会有更多的成果产出。这也是教师阅读力的具体体现。

不会写论文的教师，不妨试试先从写读书心得开始。我注意到，不少教师在用心写了大量读书心得后，锻炼出来的写作能力也可以自然迁移到论文写作上。教师写读书心得时，要有代表作意识，不一定每一篇读书心得都要写得很出彩，但每年可以用心写几篇代表作。如果写出来的文章获奖或发表了，就可以提高教师的自我效能感，增强教师的阅读获得感，让教师更喜欢阅读、更喜欢写作，形成一个良性循环。

总之，走出阅读数量、阅读品质和阅读产出三个方面的舒适区，将有助于教师不断获得专业成长，并能更好地开展教育研究。

用心写教案
难道不是做研究吗

　　一线教师都非常熟悉叶澜教授说过的一句话，即一个教师写一辈子教案，不一定成为名师；如果一个教师写三年反思，有可能成为名师。写教案是教师的标配，是教育教学工作的一个重要环节，写教案难道不重要吗？

　　2019 年，教育部印发了《关于加强新时代教育科学研究工作的意见》（以下简称《意见》）。该《意见》明确指出，要"增强科研成果转化意识，引导鼓励开展政策咨询类、舆论引导类、实践应用类研究，推动教育科研成果转化为教案、决策、制度和舆论"。一方面，教师光写一辈子教案也没多大用；另一方面，教育科研成果要转化为教案。这中间究竟出了什么问题？吴松超认为，教师之所以写一辈子教案也没有成长，是因为从未认认真真地用自己的头脑备过课，因而教案的思想含量太低。

2021 年，叶澜教授来宁波市镇海区指导工作，我趁机与她进行了交流。她坦言，她确实说过这句话。她解释说，教师写教案大多是抄的，而写教学反思则会激发主动思考；教案往往只关注 40 分钟的预设，而在课堂实施中会出现很多的动态生成。

写教案和写教学反思会有这么大的差别，其根源就在于写作态度。叶澜教授强调教学反思的价值，是以教师认真写为前提的。如果教师写教学反思也是应付了事，在备课本上随便写几句，甚至是抄几句，那么写一辈子这样的教学反思，同样成不了名师。

很多教师认为写教案没有意义，是因为他们只是抄了一辈子的教案，而且这个教案跟自己的课堂教学并没有太大的关系，主要是用来应付学校或领导的检查。离开了跟教材配套的教学参考书和各类教案集，不知道有多少教师能独立备好一节课，写出一份高质量的教案。

现在，网络资源丰富，教师即便没有教参等的助力，也可以依靠网络备课。我曾看到过一篇文章《可怕的"备课靠百度"》，读来非常发人深省。一旦停电，有些教师没有了"百度"的"神助"，在备课这一教师最常规的工作面前就显得束手无策了。

很多教师都以教书育人为己任，那么，用心备课，认真写教案，自然也是教师的本分了，但有些教师连本分工作都没做好。有媒体曾对一些教师在网上买教案的不合理现象进行了报道。"其中一家月销 5500 单、零差评店铺的客服介绍，顾客只需提供教材信息，代写团队 24 小时内即可完成一个 1000 字的教案，收费 80 元"。有些买了教案的教师还利用买来的教案参加当地的评比活动，获奖之后，还在评论区高调地晒出获奖证书。这真是让人难以置信！

用心写好教案是教师教育写作的一种途径，同时也是教师做好教育教学工作的必要前提。教师用心备好每一节课，是要花费很多时间的，甚至用上了自己一辈子的综合素养。这其实就是用一辈子的储备来备好每一节课的另一种说法。

现在很多学校都会开展集体备课活动，共享集体智慧。备课除了备教学内容、教学方法，更重要的还是备学生。每个班级的学生都各不相同，因而备课是极具个性化的。在集体备课达成某些共识后，教师就需要进行二次备课，此时教师更应该认真写好教案。而且，这时写出来的教案也会比一个人单独备课写出来的教案更精彩。

我觉得，如果一个教师能长期坚持认真写教案，那他一定会获得成长。教师写教案和写教学反思，都是与课堂教学相关的教育写作，只是前者是在课前，有些内容是预设，需要通过课堂教学进行检验，而教学反思则又向前推进了一步，是在课堂教学的基础上，对如何上好一堂课的更深层次的思考。可以说，认真写教案和写教学反思，对教师的专业成长来说，都是非常重要的。

写纸质教案还是写电子教案，这些只是形式问题。教师写教案能否获得成长，关键在于写教案时的用心程度，选择了哪些参考材料，是否融入了自己的思考等。有些学校有这样的担忧，即如果允许教师提交电子教案的话，那么教师就会偷懒，去网上下载现成的教案。就算教师在纸上写了工工整整的教案又怎样呢，如果全部是抄来应付检查的，那这样的纸质教案又有什么价值可言呢？仅仅从教师积累成长资源的角度来看，使用电子教案确实能够提高教师的工作效率，以后再写同样的教案时，可以节省不少工夫。

我以前在中学工作时，发现谢小芸老师从入职起，就非常认真地备课、写教案，并且课后，她都及时地把自己的教案电子化。几年下来，她不仅在课堂教学方面取得了很大的进步，而且在本学科的核心期刊上还发表了好几篇论文。此后，谢小芸老师还先后成为宁波市特级教师带徒学员和宁波市青年教师"卓越工程"培养对象。至2020年，工作不到15年的她，成了镇海区名师。

从谢小芸老师的成长过程可以看出来，认真写教案是她获得专业成长的重要途径。认真写教案，对教师而言并不是另起炉灶，而是把本来就应该做好的事情做得更到位，更有质量。

教师在认真写教案的过程中能收获不少"副产品"，比如教学设计、教材解读文章、精彩教学片段等，找到合适的机会，或许还能获奖或发表。

客观地说，教师的时间有限，不可能每一节常态课都像公开课那样去准备。要求教师写每一份教案都像参赛一样投入太多的精力，并不现实。在写教案上，不少学校对不同工作年限的教师有不同的要求。年轻教师教学经验不足，就会要求写详案。资深教师教学经验丰富，也允许写简案。不管是写详案还是写简案，关键在于教师自身的用心投入。如果每一位教师每个学期能写出三五篇高质量教案的话，长期坚持，必有回报。

2022年11月，人力资源社会保障部办公厅发布了《关于进一步做好职称评审工作的通知》，其中提到，"推广代表性成果制度，标准开发、技术推广、技术解决方案、创新突破、高质量专利、成果转化、理论文章、智库成果、文艺作品、教案、病历等业绩成果均可作为代表性成果参加职称评审"。既然是这样的话，那中小学教师就更应该好好写教案。可以说，用心写教案也是做研究，好的教案同样也是研究成果。

教师只是为了
研究而研究吗

　　教师的研究必须远离"变味"，走向"有味"。如何让教师的研究从"变味"走向"有味"，真正实现它的价值，应引起我们的关注和思考。

　　我们经常呼吁教育要回到原点，同样，教育研究也要回到原点再出发。教育研究固然能给学校装点门面，但也可以为教师的职称评审和名优教师评选增加资本，当然，这些是功利一点的看法。教育研究的真正价值和原点在于通过研究提升学校的办学水平，促进教师的专业成长，更好地为学生提供优质的教育。只有让教师真正认同教育研究、参与教育研究、享受教育研究，教育研究才能发挥其应有的作用。

　　教师做研究，关键在于做了什么、收获了什么，在于研究能否跟自身的教育教学结合起来，能否改进自身的工作，能否促进自身的成长。如果仅仅是为了研究而研究，而没有跟自身的工作有机结合起来，那么这样的研究其实是"变味"的。

我认为，教师的研究从"变味"走向"有味"，需要关注以下三个方面。

一、结合自己的工作，不为研究而研究

教师要立足自己的工作，为改进自己的工作而开展研究。中小学教师需要研究，但关键在于做什么样的研究。

李希贵校长在《面向个体的教育》一书中关于教师业绩评定的方法的论述，从另一个侧面很好地阐明了教师的研究应该追求的价值。他认为，教师的业绩应体现在学生的成长上，教师发表的论文、获奖的课题则是教师学术素养的体现。如果教师的研究不能转化为育人的水平、教学的能力的话，那么这样的研究就是不接地气的，跟教师的职业成长是没关系的。当然，教师在学校中有不同的分工，我们可以把业绩理解为教师在自己的岗位上取得的成绩。假设有一位总务主任，他在学校的后勤管理上有丰富的研究成果，发表了多篇文章，但他实际的后勤管理工作非常糟糕。相信很多人都不会认为这位总务主任很优秀，反而会觉得他不务正业，夸夸其谈。

教师可以根据自己的工作岗位内容，有针对性地开展教学、德育、管理等方面的研究。有些教师走上学校的管理岗位后，常常抱怨琐碎的事务性工作让自己在教学和研究上都力不从心。其实，在学校管理方面也是有很多研究可以做的。比如，教务主任、德育主任可以从更高的层面研究教学管理、德育创

新，而不应该仅仅局限于课堂教学。学校管理方面的研究，同样可以改进自己的工作，帮助学校形成某方面的特色和树立某方面的品牌。

我在中学工作时，其中的一项工作就是负责学校教师专业刊物的征订。我有意识地把这项工作当作"微研究"来做。比如，从整体上把握本校教师订阅专业刊物的情况，分析教师订阅专业刊物与教师专业成长的关系，向教师们推荐优秀专业刊物，这些举动都帮助我有效地推进了这项工作，让我从这项看似无聊、枯燥的工作中收获很多。我把在工作中的具体探索写成了一系列文章，发表在教育媒体上。这不仅积累了我的工作成果，还在很大程度上推广了学校的做法，扩大了学校的影响。我的亲身经历证明了，研究教育管理也大有可为。

二、根据自己的力量，研究不贪大求全

每位教师各自的研究基础、研究兴趣、研究能力都不相同，而且每个人所擅长的研究领域也不同。因此，教师在做研究的时候要量力而行，不要贪大求全。研究零基础的教师一开始就申请做各类规划课题，不免会有些吃力。我认为，年轻教师刚开始做教育研究时不要盲目追求课题的级别，也不要在意课题是否立项，而是要开展适合自己的研究。随着自身科研实力的提高，就可以尝试走多元化的研究之路了，在各类规划课题和"草根研究"中自由行走。

如果不知道该研究什么，不妨多留意一下自己身边的问题，比如，如何提高习题讲解的有效性、如何发挥黑板报的综合育

人效应、如何提高教师参与集体备课的积极性等。根据自己的研究基础和研究能力，从解决自己身边的教育、教学和管理问题着手，开展有针对性的应用研究，这样的研究才有生命力。

三、瞄准自己的目标，做扎扎实实的研究

在当下的课题研究中，由于各种因素的影响，可能会出现形式主义的作风。但如果教师都跟风做形式主义的研究，是得不偿失的。假设一位教师为了研究而研究，相信他很快就会失去研究的兴趣，会觉得研究非常枯燥且无意义。教师应该瞄准自己的目标，做扎扎实实的研究。教师应时刻记住自己的研究目标，自己想解决什么问题，想取得什么样的成效，然后一步一步在实践中检验、反思，去实现自己的目标。与最终的研究结果相比，研究的过程更为可贵，它能让教师获得成长的力量。即便最后没有形成可视化的文本成果，教师自身获得成长同样也是可喜的。

目标的意义在于提供导向，始终激励你向前，坚持不懈。教师只有心中有目标，并瞄准这个目标开展扎扎实实的研究，才能真正获得成长。

小课题
就不能出成果吗

与各类规划课题中的集体课题不同的是，小课题主要是教师个人承担的研究课题。一般而言，小课题具有周期短、灵活性强的特点，与教师的教育教学实践联系更加紧密，侧重的是教师个人的教育教学反思与行为跟进，教师自身的问题解决与经验提升。小课题也有很多"马甲"，比如，南京市叫个人课题，有些地方叫微型课题。

南京市是全国开展个人课题最有影响力的城市。为了加大教育科研服务教育教学改革实践的力度，为了加快课题研究促进教师专业化成长的速度，南京市教育科学研究所早在"十一五"教育科学规划中就另列一项"个人课题"，开展由教师个人承担的课题研究，开"个人课题"规划研究的先河。南京市教科所原所长刘永和在刊物上公开发表了不少有关"个人课题"的研究成果，《中国教育报》就曾对南京市的这一实践做法做了整版介绍。此后不久，《中国教育报》以"'小课题研究'：教师快速成长的有效途径"为题，刊发了浙江省教科院时任院长方展画等人撰写的浙江省淳安县区域推进小课题研究的经验。

教师个人开展的小规模课题可能有不同的称谓，如小课题或个人课题或微型课题。令人好奇的是，这类课题的魅力在哪里，它们又是如何促进教师专业成长的呢？我们且看一个案例。

在 2013 年度浙江省优秀教育教学论文评选中，《合理编排座位，减少"后排"现象》一文获得一等奖。这篇文章是作者开展的一个市级德育个人小课题的研究成果，关注的是编排座位这样的小事。关注这样的小问题，居然还出了大成果，甚至还得到专家的认同并在全省推广，看起来似乎有点不可思议。编排座位是每个班主任都要做的常规工作，但并不是每个班主任都能写出这样的好文章，而且还能获得一等奖。唯有用研究的眼光看待我们日常的教育教学工作，才能真的挖出"金矿"来。在研究的状态下，教师就会有很多新的发现，收获意外的惊喜。

不过，有一点值得注意，无论是南京的个人课题，还是浙江淳安的小课题研究，都是正儿八经的立项课题，需要接受当地教育科研部门的课题管理。也就是说，这些课题都是有"户口"的，需要经过立项申报、结题评审等环节和程序的，只是课题研究的内容范围和承担的主体与集体课题不同而已。教师个人随便玩玩的小研究，还不一定能戴上这样的"高帽"。事实上，能真正拥有这种机会的教师也不会太多。与学校教师的总数相比，由教育科研部门纳入管理的小课题研究数量是非常少的。以浙江省宁波市德育个人课题的申报立项为例，一般而言，每所学校最多有2人能获得市级立项，有的学校可能一个都没有。

因此，教师对小课题的关注，不能只聚焦那些有"户口"的。其实，开展小课题研究完全可以成为教师的一种专业生活方式，成为自我提升的重要推手。教师做适合自己的小课题研究，也不一定要在教育科研部门那里立项，不立项同样可以做出成果来。从这个意义上来说，教师开展自助的草根式的小课题研究，是真正落实教育科研全员化的有效途径。这种形式的教育科研，是去功利的，注重实效的，教师主动参与的，具有可持续发展性。教师在这样的研究中尝到甜头，能进一步激发自身参与研究的热情。

2014年获浙江省优秀教育教学论文评选一等奖并在《浙江教育报》全文刊登的范文是《让小学低段语文课堂动起来》。作者是一所农村小学的教师。这篇文章其实就是作者在日常的教学中，注重提高课堂教学的趣味性和实效性的一种探索。论文大赛的评委，浙江省教科院时任院长方展画认为："这篇论文写得未必有多么好，但它只用了一个'动'字，就体现了对教育的探索，有一些新意。我们希望教师的论文能够落地，有一些论文纯粹讲道理，满纸都是'重要性'，没有讲'我怎么做'。"的确，中小学教师只要用心，在自己小小的一亩三分地里也能挖出大宝藏来。虽然身处的学校并不是最好的，但作者可以开展属于自己的小课题研究，而且把它做得非常精彩，为自己赢得了很多掌声。尽管并不是所有教师都像这位农村教师这么幸运，但机会总是留给有准备的人的，只要教师扎扎实实地开展研究工作，从研究中获得真东西，就有机会得到认可。

中小学教师有机会参与正式的小课题研究固然很好，但自己坚持做小课题研究，不追求立项和评奖，同样也可以做得有滋有味，也能不断成长。在实践中碰到的困惑，遇到的感兴趣的话题，这些都可以成为研究的对象。没有立项的小课题照样可以出成果，照样可以改进教学，照样可以让自己成为有"研究味"的教师。

你在为
低品质刊物"推波助澜"吗

　　每年的 10 月到 11 月，都是一年一度的报刊订阅时间。前几年，我在翻阅中国邮政邮发报刊简明目录时看到了几份奢华的教育刊物，其中有两份年订阅价格超过了 2000 元，还真是大吃一惊。因为年订阅价在 500 元以上的教育刊物本来就不多，所以这两份在价格上有一种"鹤立鸡群"的感觉。

　　其中一份教育刊物，年订阅价是 2120 元，我曾留意过，一期有 280 页，像砖头一样，而且一年有 52 期。另一份是教学刊物，年订阅价为 2016 元，一年发行 36 期，每期要 56 元。难道是贫穷限制了想象力？我真没见过这么贵的。

　　受物价上涨、成本上升等多种因素的影响，近几年，很多教育刊物的价格都有不同程度上涨，这是可以理解的。我是一名教育刊物的资深订阅者，自 2001 年参加工作以来，见证了教育刊物的涨价过程。比如，我多年来一直订阅的《中小学心理健康教育》，这份杂志从月刊发展成旬刊，年订价也从最初的60元上涨到当年的486元（包括客户端），感觉这个价格已经让很多自费订阅的教师有点吃不消了。

因此，当我看到这两份教育刊物的年订阅价超过2000元时，我就在想它们究竟是"何方神圣"，价格竟如此之高？震惊之余，我也通过查阅国家新闻出版署的网站，得知这些杂志确实也有合法身份，有正规刊号。

尽管近年来教育刊物确实都涨价了，但总体上价格不算太高。以2023年的订阅价格为例，教育界首选的权威期刊《教育研究》为月刊，每期价格35元，年订阅价为420元；中国教育学会主办的《中国教育学刊》为月刊，年订阅价为180元；教育部主管的《人民教育》为半月刊，年订阅价为432元。

那些价格奇贵却又不知名的杂志，谁会去订阅呢？杂志可以邮发，但因为邮发费用较高，也可以选择自办发行，有的杂志是两者同步进行的。一般杂志是靠读者生存的，靠发行量和广告费。但这些杂志则不同，它们是靠作者买单。尽管没有人去邮局订，但这些杂志可以按需印刷，每期按照作者的需求少量印刷，成本自然就低了很多。

有些地方，你的论文只要是发表在有刊号和邮发代号或被中国知网收录的刊物上，都是被认可的。这样的标准非常简单粗暴，自然也有很大的局限性。事实上，有些非常权威的学科专业杂志，也未必被中国知网收录了。

在那些订阅价格贵又不知名的杂志上发表文章，按照现在流行的说法就是"众筹发表"。只要作者有发表的愿望，出得起高额的费用，不论文章质量好坏，都能发出来。平心而论，这样的杂志完全失去了学习交流的价值。类似于这样的低品质杂志，还有不少，只是价格高得没有这么离谱，很难一眼鉴别罢了。

我认为，教育刊物的首要价值是学习，是促进教师的专业成长。文章能公开发表，是文章在业内达到一定水准、有交流价值的一种体现。

有一年，安徽通报了4起中小学教师违反师德师风问题的典型案例。其中有一位教师在评正高级职称的时候，递交了61篇文章，经查，有48篇是发表在假杂志上的。当时有不少人为这位教师叫屈，说这位教师还有13篇文章是发表在正规杂志上的，说明其科研水平仍然较高。我当时有意识地查阅了一下，发现这位教师的其他13篇文章大多发表在低品质杂志上。

杂志品质低，没人读，发表还要交钱，为什么还会在中小学教师群体中有市场呢？这主要跟当下中小学教师职称评审和名优教师考核对论文的要求有很大关系。教育写作可以促进教师的专业成长，这句话很多教师都不以为意，但职称评审必须要有论文，这又让教师不得不面对教育写作这一现实问题。尽管不少地方已经在职称评审上降低了论文要求，比如，论文不一定要公开发表，只要能评到区级一等奖，或市级二等奖，或省级三等奖同样也可以。但是，获奖还是有难度的。更何况，很多教师平时根本就没把教育写作放在心上，认为自己教好书就行了，再加上平时工作忙，也没有时间写论文。到临近评职称的时候，才想到自己还缺那么几篇文章，只得临时抱佛脚。遗憾的是，由于平时不写作，所以写作的水平自然也不高，在短时间内很难写出像样的文章。

于是，"众筹发表"就成了教师的捷径。如果相关主管部门把关不严，就会助长这种不良风气。另外，不少学校为鼓励教师写论文，对公开发表论文的教师都会给予一定的奖励。学校的出发点自然是好的，但如果学校不加鉴别，把发表在"共享杂志"上的论文也一视同仁地进行奖励，那肯定是弊大于利的。

还有不少学校对教师这样的发表行为采取的态度是睁一只眼，闭一只眼。我曾在某所学校教师发表论文的统计表中看到，该校一学年发表了10多篇文章，这些文章竟全都发表在同一家杂志上，其中还有好几篇是发在同一期上。如此"公开发表"是怎么回事，明眼人一看就知道。

一旦这些不良行为持续下去，就会对学校的教育科研风气产生极为不利的影响。首先，给广大教师制造了一种"论文都是买的"的假象；其次，那些认真做研究、写文章，文章发表在高水平杂志上的教师，得不到应有的尊重；最后，假如这样的做法通行无阻，许多教师就会随波逐流，导致出现"劣币驱逐良币"的现象，把整个教师群体带偏。

实际上，教师公开发表论文不仅是为了评职称，也是为了更好地提炼总结自己的教育教学经验，促进自身的专业成长。教师，要守住一身正气，尽量避免给低品质刊物的"蓬勃发展"提供支持。我建议，教师不妨订几份专业刊物，尤其是高品质和有影响力的，待有空时好好研读一番，思考一下，这些杂志上的文章想传达些什么内容，对自己的教育教学工作、教育研究和教育写作有什么启发。千万不要投机取巧，比如去低品质杂志上花钱买版面，这只能拉低自己的专业水准和师德修养，有百害而无一利。

你真的了解
"核心期刊"吗

在一些中小学教师甚至是名师、名校长的介绍材料中，我经常看到他们声称自己科研能力强，在多家核心期刊上发表了多篇论文。但是，我又惊奇地发现，在那些名师和校长列举的刊物中，往往没有一家刊物是真正的核心期刊，有些甚至是不知名的、毫无影响力的刊物。

中小学教师和校长对"核心期刊"的追捧，说明这四个字的社会认可度还是很高的。但他们胡乱把"核心期刊"拿来当金字招牌，又说明了他们对核心期刊其实是缺乏了解的。

其实，论文是否需发表在核心期刊上，大部分教师职称评审文件中没有突出说明。在"破五唯"的当下，我们在评价论文质量时并不会把文章是否发表在核心期刊上作为主要标准。

一般而言，正规的学术期刊都有自己的底线和原则，在上面发表的文章都有一定的品质，而且有一些期刊还会向作者支付稿酬。我曾在某非核心期刊上发表了文章，甚至还收到过单篇千元以上的稿费。

文章被人大复印报刊资料转载已成为高水平学术成果的标识。在那些被人大复印报刊资料转载的文章中，有些文章就是中小学教师发表在非核心期刊上的，但在核心期刊上发表的文章，未必有此"殊荣"。

那么，到底哪些期刊才是核心期刊呢？对于这个问题，我起初也不明所以。有一次，我参加北京某知名教育期刊举行的读者、作者、编者交流会，听了编辑的介绍后，才开始真正有所了解。

我们通常所说的核心期刊，指的是全国中文核心期刊，由北京大学图书馆联合学术界权威专家鉴定，受到学术界广泛认同，因此又被称为"北大核心"。

"北大核心"以前（前5版）是每四年更新一次，现在是每三年更新一次。《中文核心期刊要目总览》由北京大学出版社出版。在2020年版（第9版）《中文核心期刊要目总览》中，共有1990种期刊入选。

教育专业刊物中能入选"北大核心"的非常少，比如，在中小学教师中有影响力的《人民教育》《中小学管理》编在初等教育/中等教育（除各学科教育）里面，而学前教育、幼儿教育类的刊物，只有《学前教育研究》这么一根独苗。中小学各学科中，比如，语文学科只有《中学语文教学》和《语文建设》，数学学科只有《数学教育学报》和《数学通报》，外语学科只有《中小学英语教学与研究》和《中小学外语教学·中学篇》入选，其他学科就不一一详述了。

目前，班主任类的刊物，没有入选"北大核心"的。有些地方在评定名优班主任时，会认定部分刊物视同核心期刊。不过，"核心期刊"跟"视同核心期刊"之间，差别还是很大的。如果有人称自己的文章发表在某班主任类核心期刊上，那就明显属于表述有误了。

除了"北大核心"，还有一个"南大核心"（俗称 C 刊目录）。"南大核心"是指由南京大学中国社会科学研究评价中心发布的中文社会科学引文索引（CSSCI）来源期刊。最新版本的 C 刊目录（2021—2022）共包含 585 本期刊，涉及 26 个学科分类，CSSCI 扩展版来源期刊共有 229 本期刊。其中，教育学类的刊物为 37 本，扩展来源期刊为 18 本。可见，入选"南大核心"的教育刊物就更少了，想要在上面发论文自然就更难了。

在教育科研考核体系中，"南大核心"更受高校的关注和认可，很多高校教师和科研人员称其为"C 刊"。除了"C 刊"和"C 扩"，其他的就是"普刊"。

有一些教育类刊物同时被"北大核心"和"南大核心"收录，比如，《教育研究》《教育发展研究》《中国教育学刊》《课程·教材·教法》等。

对于中小学一线教师而言，"C 刊"真的离我们比较遥远。在最新版的"南大核心"中，学科类刊物仅仅有《数学教育学报》，上的还是"C 扩"。同样，在中小学教育管理领域非常有影响力的《中小学管理》也只是上了"C 扩"。而作为"北大核心"的《人民教育》，连"C扩"都没上。这也让我想起了，在某高校的教科研奖励机制中，发表在《人民教育》上的文章档次并不高。而对于中小学教师来说，《人民教育》则有种高不可攀的感觉，因为在《人民教育》上发表文章很难，一旦有教师在上面发表了文章，那么他就会在各种职称评审中非常有竞争力。

所谓"核心"，其实也带有很强的主观成分。比如，我发现，有些高校规定在"北大核心"上发表的论文，除本校认定的一级刊物外，其他的视同二级刊物。

核心期刊有自己的利益诉求，那就是刊发文章的引用率和关注度。为此，核心期刊会约请知名专家学者发表文章，也会关注一般作者的影响力。一般来说，除省级重点课题结题、评选正高或特级教师以外，很少会对中小学教师的论文提出"必须发表在核心期刊上"的要求。如河南省修订的《河南省中小学教师中高级职称评价标准》中明确提出，对一线教师评正高级教师不再有在核心期刊上发表论文的硬性规定。

这应该是大势所趋，毕竟核心期刊数量有限，僧多粥少，大家完全没有必要形成"在核心期刊上发表论文"的执念。

看了上述的介绍，大家应该不会再随意说自己在"核心期刊"上发表论文了。说话缺乏常识，是要闹笑话的。

常见的
学术道德问题有哪些

随着越来越多的中小学教师加入教育研究和写作的队伍，有关中小学教师的学术道德问题也逐渐浮出水面。这一问题不容忽视。一些教师学术道德意识薄弱，做出了很多令人难以置信的事。比如，有的教师提交的德育小课题成果居然全部是抄袭的，有的教师的文章是几篇文章拼凑在一起的，还有的教师同一篇文章一稿多投，遍地撒网。

目前，各级论文评审的组织者必须做一项本不需要做的工作，那就是对参评的论文进行网上检索查重，看看是不是有抄袭的嫌疑。如果不这样做的话，很可能就会让一些看起来抄袭得很完美的文章钻了空子。不少期刊编辑也在网络检索查重上花了很多精力。对于"学为人师，行为世范"的教师来说，出现这样的行为，真的很不符合"为人师表"的要求。

《中国教育报》刊发的《论文评选不可助长抄袭之风》一文中提到，每年的教育论文评选，教师们的积极性很高，作者所在的区每年都能征集到2500多篇论文，但不少教师的论文是从网上下载或抄袭别人的，移花接木、改头换面的论文要占总数的一半以上。我也经常参与各类论文的评选工作，对此深有体会。

有一次，我参与了省内某县的德育论文评选工作，本着认真负责的态度，我也对那些参评的论文进行了网络搜索。不搜不知道，一搜还真吓一跳，参评的100多篇文章中，接近30%的文章有抄袭的嫌疑。从我几次参与论文评审的经历来看，我每次总能发现这种心存侥幸的教师，拿着抄袭的论文来评奖。有些学校在举行教师论文评选的通知中，还会温馨提醒一句："请不要直接从网上下载。"

由此可见，中小学教师违反学术道德的问题必须引起高度重视。接下来，我重点谈谈一线教师写作中容易出现的抄袭问题、失真问题以及一稿多投问题。

一、教师写作中的抄袭问题

之所以出现抄袭的问题，我认为，可能有两个方面的原因：一是，教师主观上有意为之；二是，教师不懂学术规范，无心犯错。

先来说说第一种情况，有意为之。有些教师并不认为抄袭的行为是不当的，他们平时很少读书写作，等需要提交论文的时候，就在网上搜索一下，把看到的好文章拼凑一下或者全盘拿来就交差了。把别人的论文全部抄下来，或者只改动个别语句的，一般称为低级抄袭；而那些刻意改头换面的，被称为高级抄袭。不管是低级抄袭还是高级抄袭，都是出于抄袭者的主观故意。

再来说第二种情况，无心犯错。很多教师不了解学术规范，不清楚合理借鉴和抄袭两者之间的界限，或者引用不规范，导致文章出现抄袭的嫌疑。我在评审中看到过很多这样的文章，整篇看起来没什么问题，但是其中的每一部分都是从其他地方拿来的，甚至一个字都没有改。还有的教师写出来的调查报告，前面是自己的调查，后面的结论全是抄的别人的。他们错误地认为，理论部分可以全抄，实例是自己的就行了。一线教师写文章时，一定不要复制粘贴别人的文字；引述别人的观点时，还要注意标明引用来源，避免被贴上"抄袭"的标签。

二、教师写作中的失真问题

教师写作中的失真问题，目前还没有引起足够的重视，但其危害性也是不容忽视的。

某教育刊物的编辑部主任曾经感慨，在不少教师的笔下，他们掌握了"化腐朽为神奇"的教育绝活，简直是无所不能了。比如，他们只需要几次真诚的谈话就能彻底转化"问题学生"，而且一劳永逸。在真正的教育实践中，"问题学生"往往要消耗教师大量的精力，并且他们的行为是具有反复性的。这样的文章显然是"注水"了。

除此之外，教师写作中的失真问题还表现在杜撰案例上。

如今，一线教师都非常喜欢写教育叙事，上手快，也容易有话说。但面对人人都能写教育叙事的现实，如何才能让自己写出来的教育叙事令人眼前一亮呢？自己平时的教育生活很平淡，也没什么特别积累。于是，就动起了歪脑筋，杜撰出很多案例，以此达到发表的目的。

其实，这些"失真"的案例，不少教育刊物的编辑一眼就能看出来，他们也不会对这样的稿件上心，一般都是冷处理。

从学术规范的角度来说，杜撰、编造事实也是学术不端的表现，是教师在写作中需要避免的。

三、教师写作中的一稿多投问题

一稿多投，就是同一时间段内，同一篇论文向不同的刊物进行投送的行为。一稿多投也属于学术不端，而且特别不受欢迎。不少刊物会在征稿通知中明确指出，不能一稿多投，如果投稿多少日内没有刊发，作者可以自行处理。大多数编辑发现有这样的作者后，就会保持警惕，甚至会拒绝用该作者的稿子。

2022 年，科技部、中央宣传部等二十二部门印发的《科研失信行为调查处理规则》明确规定，"重复发表"属于科研失信行为。一稿多投的教师大多是想在评职称、评优时让文章快一点发表出来。为了避免出现这种行为，教师不妨提前规划文章，多一些耐心等待。

不过也有一些教师，其本身具有较高的写作水平，也不缺发表的文章，但就是喜欢让自己的文章重复发表，甚至还在相关文章的背后注明是在哪几家刊物上发表的，以此显示此篇文章的价值。这种功利的、故意的"一稿多发"行为，会让不清楚的人误以为该老师有多厉害，但明眼人就只会觉得其哗众取宠罢了。

教师的教育写作要忠于自己的教育生活，这样的文字才有生命力。教师需要进一步提高文献检索的能力，学会正确借鉴和引用他人的成果，在实践中提高自己的论文写作水平。当教师有学术规范的意识，并掌握了相应的知识时，就不会无心犯错，出现各种尴尬的情况了。教师必须遵守相应的学术道德，避免抄袭、内容失真、一稿多投等行为，用自身的实际行动端正学术之风。

后记

在研究中蓄力前行

在这本书即将定稿之际，我忙着《基于"啃读挑战+"推动区域教师专业阅读的实践研究》推广活动的相关准备工作。这项成果获评2021年度宁波市教育科研成果推广奖特等奖。2022年11月29日下午，宁波市教育科学研究所和宁波市教育学会教育科研管理研究分会专门举行推广活动，通过线上线下相结合的方式，向全市推广这一研究成果。宁波市教育科学研究所李丽博士对该项成果进行点评，宁波市教育科学研究所俞冬伟所长对本次推广活动进行小结，并为"啃读挑战"走得更远提出了中肯的建议。

从某种程度上来说，这是我的个人研究得到认可的"高光时刻"。对于一位基层教育工作者而言，自己的研究成果能通过市级教科部门进行公开推广，这并不是一件容易的事。

一直以来，我坚持用研究的态度和视角对待区域教师专业阅读推广工作，增加了这一日常工作中的研究含量，因而在有效推动区域教师专业阅读的同时，我也收获了很多"副产品"，即发表的各类文章以及获奖的文章、课题等。

受魏书生老师"边教学、边研究"观点的影响，在2001年走上教育工作岗位之时，我就开启了"草根研究"之旅，过上了一种有"研究味"的教育生活。我将阅读、思考、写作与自己各类的教育实践相结合，在"事上练"中加快自己成长的步伐。

近年来，我明显感觉到，本区教师读书写作的积极性提高了。以区级寒假教师读书征文比赛为例，2017年第一届参加的教师人数为160多人，到2022年第六届时就增加到了1000多人。人数增加了，我的工作量也增加了很多。事务性工作，比如各类征文的整理、评比、证书打印等，变得更多了。有时候，我不得不利用双休日和节假日的时间加班才能做完这些工作。如果我没有用研究的态度对待区域教师专业阅读推广工作的话，那么我也会陷入事务主义的泥淖，抱着应付的心态做这些事，不仅把自己弄得很累，还没有一丁点儿成就感。

然而，当我在工作中注入研究力量的时候，情况就不一样了。比如，让教师在专业阅读上有获得感是激发教师专业阅读热情的必要手段，而读书征文比赛是教师阅读的一种反馈，赢得相关奖项能够让他们有获得感，从而激励他们持续阅读。因此，为组织教师读书征文比赛所投入时间，是非常值得的。

调到区教科所工作后的这几年时间里，我通过倡导成立区域层面的"研之乐"读书会和发起"啃读挑战"活动，一直行走在推动区域教师专业阅读的道路上。但这几年，在研究的加持下，我实现了具体方法上的"自我迭代"，勾勒出了一幅清晰的推动区域教师专业阅读的路线图。

"建团队""找项目""构体系"是我在实践中探索出来的推动区域教师专业阅读的三个阶段，也可以说是三个版本，从 1.0 版本到 3.0 版本。尽管我在实践中是这么做的，但如果我不去提炼总结的话，那么这些做法或许依然是我的隐性知识，无法变成显性知识。

我认为，"建团队""找项目""构体系"这三个阶段并没有明确的分界线，即便到了第三个阶段，建团队依然不容忽视。其实，建团队，就是最初成立"研之乐"读书会，建好"组织者、示范者、先行者"这样三位一体的区域层面的教师读书团队。教师读书团队的主要成员由全区各校的教科室负责人、中青年名优教师和优秀年轻教师组成。我在加强区域教师读书会团队建设的时候，尤其注重发挥好教科室负责人的作用。全区各校的教科室负责人扮演的是组织者的角色，这样全区所有学校都有了推动教师阅读的责任人。事在人为，推动教师阅读这件事先要有人做、愿意做，进而才能用心做，最后就会做得好。

通过一年半左右的努力，"研之乐"读书会自身建设有了明显的成效。我认为，要通过一个项目锻炼教师的阅读毅力，努力让教师阅读这件事常态化而不是像一阵风。于是，"每月啃读一本书，用心写就千字文"的"啃读挑战"活动就应运而生了。老实说，最初开展这一项目时，我心里是没底的。为了增强参与教师的责任感，我要求他们都要提交一张具有亲笔签名的承诺书，主要承诺两点：一是，要是不能完成全年12篇读写结合任务的话，就视同自动退出，三年内不得参与同类活动；二是，如果有教师出现抄袭等学术不端的行为，那么主办方将会告知他所在单位的领导。从表面上看，这的确是一个自讨苦吃的活动，毕竟教师工作很忙，真正拥有阅读习惯的教师并不多。第一年的"啃读挑战"活动，有80位教师递交了承诺书，他们成为"第一批吃螃蟹"的人。最后，这80位教师中有90%完成了"啃读挑战"。这些完成挑战的教师，有一半选择"不再吃苦"，还有一半继续"以苦为乐"。根据最新的统计，第一年参加"啃读挑战"活动的教师中，有10位又会开启2023年的"啃读挑战"之旅，进入"啃读挑战"的第六个年头。

"啃读挑战"活动逐渐受到越来越多的教师关注。第一年参加"啃读挑战"活动的教师只有80人，但第二年就达到了196人，这说明有很多新鲜血液加入。此后，参加人数逐年增多，2022年达到了512人，2023年更是接近了700人。

在推进"啃读挑战"这个项目的过程中，我用系统思考的方式，让"啃读挑战"成为"啃读挑战+"，并逐渐构建起推动区域教师专业阅读的"一体四翼"体系。所谓"一体"，就是"研之乐"读书会，加强这个读书团队是基础；所谓"四翼"，就是"啃读挑战+"，具体来说，就是进一步丰富"啃读挑战"活动的实施方式，利用"啃读挑战"共读书，举办有名家助力的高品质读书会，开设教师阅读课程，开展多种形式的教师读书征文比赛。也就是说，在开展"啃读挑战"活动的同时，可以办好高质量的读书分享会，可以开设教师阅读方面的培训课程，可以通过各类读书征文比赛，安放教师在"啃读挑战"过程中形成的成果。"一体四翼"体系，通过加强"研之乐"读书会建设，不仅让"啃读挑战"活动的各项事务都有人做，还进一步扩大了"啃读挑战"活动的作用。

有意思的是，在这六年中，"研之乐"读书会和"啃读挑战"活动都成了一张耀眼的名片。"研之乐"读书会被浙江省总工会评为优秀读书团队，被宁波市总工会评为宁波职工"十佳阅读团队"，被宁波市教育局评为教师读书"卓越团队"。《基于"教科团队"推动区域教师阅读》阅读推广案例，在宁波市教育系统第六届读书节活动中，被评为"校园阅读推广活动优秀案例"一等奖；《依托"三结合"读书团队激发区域教师专业成长内生力的研究》获得浙江省教师教育规划课题优秀成果二等奖；这里的"教科团队"和"三结合"读书团队，指的都是"研之乐"读书会。《啃读挑战：让教师走出成长"舒适区"》在宁波市教育系统第七届读书活动中，被评为"校园阅读推广活动优秀案例"一等奖，《啃读挑战：镇海全力推动区域教师阅读》获评首届宁波市教育改革创新优秀案例。《基于"一体四翼"推动区域教师专业阅读》阅读推广案例在2022年11月宁波市教育系统第十届读书节活动中，被评为"校园阅读推广活动优秀案例"特等奖。题为"基于'啃读挑战'推动区域教师专业阅读——宁波市镇海区教研骨干阅读素养提升培训项目的实践与思考"的故事（案例）入选"浙江省教师教育十百千工程——百个教师培训精彩案例或培训模式"后,《镇海区教科研骨干阅读素养提升培训》又获评宁波市第二届中小学教师专业发展培训优秀项目。

当然,推动区域教师专业阅读本身不是目的,让教师在阅读中提升教育理论水平和增强职业认同感,在读写结合中提高教育写作能力,从而更有底气亲近研究,这才是让更多的教师养成专业阅读习惯的价值所在。

对于我来说,有关"啃读挑战"的研究还将继续。最近,我申报的浙江省教科规划课题《依托"啃读挑战＋"优化区域教科研生态的实践研究》被宁波市教科规划办选送到省里参评立项。这是我工作二十多年来,第一个作为主持人申报的省级教科规划课题,无论这个课题是否能获得立项,我都会继续开展这方面的研究工作。因为我始终坚信,教师可以在不立项的"草根研究"和立项的"规划研究"之间自由行走。

正所谓,听其言观其行。这本书中所提到的观点和做法,都是我真正认同或正在实践的。让自己的教育生活多点"研究味",每一位教师都可以做到。只要你真正行动起来,成为一名研究型教师并不会是一个遥远的梦。